시민을 위한 헌법 첫걸음

아름다운 헌법

임병택 글·사진

시작하는 글

'아름다운 헌법이야기'

산에 피어도 꽃이고
들에 피어도 꽃이고
길가에 피어도 꽃이고
모두 다 꽃이야
아무데나 피어도 생긴 대로 피어도
이름 없이 피어도 모두 다 꽃이야
봄에 피어도 꽃이고
여름에 피어도 꽃이고
몰래 피어도 꽃이고
모두 다 꽃이야

- 작사 류형선 -

'모두 다 꽃이야'를 말해주기 위해 「어린이헌법」을 썼습니다.

우리 아이들이 헌법 속에 있는 인간으로서의 존엄, 자유와 평등, 행복할 권리 등 소중한 가치들을 알고 성장하길 바랐습니다. 스스로를 소중히 여기며, 친구들도 소중히 여기는 마음을 갖고, 행복한 사람으로 크길 바라는 아빠의 마음이었습니다.

헌법을 알고 자라는 아이들은 '나'보다는 '우리'를 생각하는 성숙한 민주시민이 될 것이라는 믿음이 있습니다. 다른 사람들을 배려하며 더불어 살아가는 민주시민은 곧 세계 속에서도 빛나는 세계시민이 될 것이라는 기대가 있습니다. 그래서 헌법을 알려주기 위해 노력했습니다. 헌법을 통해 행복을 선물하고 싶었습니다.

헌법은 더 쉽게 알려지고 더 많이 읽혀야 합니다.

대부분의 사람들은 헌법을 잘 모르거나, 어렵다고 생각합니다. '헌법'이라 하면, 두꺼운 법전을 떠올리곤 합니다. 하지만, 헌법은 어렵지 않습니다. 두꺼운 법전도 아닙니다. 전문과 130개 조문이 전부입니다. 헌법은 잘 알려지지 않았을 뿐입니다.

어른들을 위한 쉬운 헌법이 필요하다고 생각했습니다. 헌법은 공기와도 같습니다. 우리의 삶 속에 평범하게 존재하는 꼭 필요한 법! 가장 중요한 법! 가장 소중한 법! 헌법의 주인 된 우리들, 시민들이 헌법을 더 많이 알기를 바라는 마음입니다. 더 행복할 권리를 위해!

시민을 위한 헌법 첫걸음 : 함께 읽는 쉬운 헌법

독자 분들의 응원이 있었습니다. 무겁고 딱딱한 이미지의 헌법을 쉽고 친근하게 알리려는 글쓴이의 노력에 많은 분들이 격려와 칭찬을 해주셨습니다. 대한민국헌법 제10조를 모두가 알기를 바라는 마음뿐입니다. "모든 국민은 인간으로서의 존엄과 가치를 가지며, 행복을 추구할 권리를 가진다. 국가는 개인이 가지는 불가침의 기본적 인권을 확인하고 이를 보장할 의무를 진다." 대한민국 국민이 조금 더 행복해지길 바라는 마음, 우리 사회가 조금 더 행복해지길 바라는 마음이 있습니다.

그래서 헌법을 쉽게 더 널리 알리기 위해 다시 글을 썼습니다. 기존 「어린이 헌법」을 모두의 눈높이에 맞춰 발전시켰습니다. 대한민국 민주시민으로 살아가기 위한 헌법, 엄마와 아빠, 청·장년과 어르신, 어린이와 청소년 모두를 위한 함께 읽는 쉬운 헌법 이야기입니다.

알게 되니 기쁘다! '아름다운 헌법'

'아름답다'의 어원 중에 '알다'라는 뜻을 좋아합니다. 알아야 아름다움을 볼 수 있다는 의미가 좋습니다. "사랑하면 알게 되고, 알게 되면 보이나니, 그때 보이는 것은 전과 같지 않으리라." 「나의 문화유산답사기」에서 유홍준 교수가 옮긴 조선시대 문인 유한준의 글입니다. 헌법을 사랑하면 알게 되고, 헌법을 알게 되면 보일 것입니다. 헌법을 알게 되면 예전과는 다를 것입니다. 그래서 '아름다운 헌법'입니다.

"헌법이 아름답다고? 그게 말이 돼?
그 어려운 것이?" 라고 의아해 할 수도 있습니다.

헌법은 알려지지 않았을 뿐입니다. 알려지지 않아서 몰랐을 뿐, '민주공화국, 국민주권, 인간의 존엄과 행복, 평등, 평화, 통일, 교육, 환경, 인간다운 생활' 모두 헌법에 담긴 아름다운 가치들입니다.
헌법의 주인은 시민이기에, 이 땅의 평범한 시민이 주인이기에, 이제 헌법의 진정한 주인에게 헌법을 돌려 드려야 합니다. 헌법을 사랑할 수 있게, 헌법을 알 수 있게, 헌법을 볼 수 있게, 헌법을 알고 기쁘게!

나태주 시인의 '풀꽃'이라는 시처럼 헌법도 그렇습니다.

'자세히 보아야 예쁘다. 오래 보아야 사랑스럽다'
헌법이 그렇습니다. 시민 독자 분들이 헌법을 알게 된 후의 변화를 상상합니다. '아름다운 헌법'을 삶에서 충분히 누리길 바라는 마음입니다. '아름다운 헌법'으로 더 행복한 세상이 되길 바라는 마음입니다.

차례

시작하는 글 · 3

01 헌법이 사람에게!
꼭 알아야 할, 헌법 핵심단어 · 9

02 헌법은 이렇게 생겼어요!
꼭 알아야 할, 헌법 핵심구조 · 31

03 대한민국 헌법
전문, 그리고 130개 조문과 부칙 · 45

04 헌법이 말합니다!
꼭 알아야 할, 헌법 핵심조문 · 79

05 헌법이 다시 우리에게!
꼭 알아야 할, 헌법 핵심의미 · 221

마무리 글 · 234

부록
1. 대한민국 임시헌장 · 238
2. 대한민국 임시헌법 · 242

01

인간으로서의 존엄과 가치
행복할 권리
인 권 (人權)
평 등 - 차별받지 아니한다
자 유
권 리
민주공화국
주 권
평화와 통일

[사진 : 임병택, 시흥갯골 아카시아]

헌법이 사람에게!

꼭 알아야 할, 헌법 핵심단어

인간으로서의 존엄과 가치

제10조

모든 국민은
'**인간으로서의 존엄과 가치**'를 가지며
행복을 추구할 권리를 가진다

국가는 개인이 가지는 불가침의 기본적 인권을
확인하고 이를 보장할 의무를 진다

헌법은 사람에 대한 사랑입니다.

인류의 역사가 그렇습니다.
끊임없이, 억압과 구속으로부터 자유를 찾았습니다.

왕으로부터의 자유,
권력으로부터의 자유.

치열한 노력과
수많은 희생이 있었습니다.

그럼에도,
그를 통해 보호하고자 했던 건,
사람의 존엄과
사람마다의 고귀한 가치입니다.

헌법에 적힌 모든 권리,
헌법기관의 존재의 이유도,
'인간으로서의 존엄과 가치'를 지켜주기 위함이며,
누구든 그 가치를 가진 존재라는 걸 알리고 선언한 것입니다.

행복할 권리

제10조

모든 국민은
인간으로서의 존엄과 가치를 가지며
'행복을 추구할 권리'를 가진다

국가는 개인이 가지는 불가침의 기본적 인권을
확인하고 이를 보장할 의무를 진다

헌법은 행복을 드리는 마음입니다.

누구나 행복해지길 원합니다.

꽃 한 송이가 주는 아름다움일 수도
아이의 맑은 미소에 받는 위로일 수도
마음 가득히 평화와 기쁨이 넘치는 감정일 수도
이렇듯
행복을 느끼는 감정 또한 저마다 다를 것입니다.

우리는
헌법이 드리는 행복을 누리고 추구할 권리가 있는
대한민국의 국민입니다.

인간답게 살아가고
내 개성을 자유롭게 표현하고
높은 수준의 문화를 즐기고
쾌적한 환경을 누릴 권리가 있습니다.

헌법은 우리가 이러한 행복을 찾을 수 있게
안내하고 보호하고 보장하는
선물이고 약속이고 나침반입니다.

인권
(人權)

제10조

모든 국민은
인간으로서의 존엄과 가치를 가지며
행복을 추구할 권리를 가진다

국가는 개인이 가지는 불가침의 기본적
'인권'을 확인하고
이를 보장할 의무를 진다

헌법은 사람으로서의 권리를 지켜줍니다.

인간으로서의 존엄과 가치를 지닌 우리들입니다.
태어날 때부터 가진 사람으로서의 당연한 권리가 있습니다.

평민도 귀족도 왕도 노비도 다 같은 사람입니다.
구별될 수도, 되어서도 안 되는 동등한 가치입니다.

사람은 그 자체로서 목적입니다.
수단일 수 없습니다.

'사람이 하늘이다'는 사상을 알린, 동학농민혁명
인간과 시민으로서의 권리선언을 가져온, 프랑스혁명
태어날 때부터 자유롭고 존엄하다는, 유엔 세계인권선언
지구별 아이들 모두가 소중하다는, 유엔 아동권리선언

사람으로서의 권리!
인권(人權)을 확인받고 보호받기 위해
우리 인류는 그 힘든 길을 쉼 없이 걸어왔고,
헌법의 준엄한 선언아래
앞으로도 뚜벅뚜벅 걸어갈 것입니다.

평등
차별받지 아니한다

제11조

모든 국민은 법 앞에 평등하다
누구든지 성별 · 종교 또는 사회적 신분에 의하여
정치적 · 경제적 · 사회적 · 문화적 생활의
모든 영역에 있어서 차별을 받지 아니한다

헌법은 존중이며 배려입니다.

모두 다 같을 수는 없습니다.

그러나
사람으로서의 존엄과 가치는 같기에
우리는 차별받지 않아야 하고
동등하게 존중받고 배려 받아야 합니다.

다를 수 있습니다.
삶의 환경이, 조건이, 직업이,
고향이, 성별이, 학력이, 재산이, 피부색이.
그렇다고 차별하고 구분짓고 다르게 대하면 안 됩니다.

그러나 배려가 필요하기도 합니다.
생명을 품고 낳아야 하는 여성
나라를 지키기 위해 군대에 가야 하는 청년
장애를 가진 우리 이웃
나라를 위해 목숨을 바친 분들과 그의 가족들

진짜 평등은,
같은 건 같게, 다른 건 다르게 대하는
사람에 대한 존중이며 배려입니다.

자유

제12조   신체의 자유를 가진다

제14조   거주・이전의 자유를 가진다

제15조   직업선택의 자유를 가진다

제16조   주거의 자유를 침해받지 아니한다

제17조   사생활의 비밀과 자유를 침해받지 아니한다

제19조   양심의 자유를 가진다

제20조   종교의 자유를 가진다

제21조   언론・출판의 자유와 집회・결사의 자유를 가진다

제22조   학문과 예술의 자유를 가진다

헌법은 우리의 자유를 위해 존재합니다.

헌법은 모든 국민이 자유를 가진다고 선언합니다.

누구를 위한 자유이며
무엇을 위한 자유일까요.
헌법에 열거된 자유를 위해 우리는 어떤 역사를 살아 왔을까요.
사람이기에,
인간의 존엄과 행복 그리고 평등을 위해,
무엇보다 절실했던 가치가 자유였습니다.

인간이기에,
구속되거나 결박당하지 않고,
자유롭게 생각하고 말하고 행동하길 바랐습니다.
자유를 위한 수많은 희생과 시민혁명의 역사가 있었습니다.

이제는 21세기를 살아가는 우리들입니다.
왕과 귀족, 평민이라는 신분으로부터의 자유를 넘어,
국가권력으로부터의 자유를 넘어,
인간다운 생활을 위한
경제적 불평등과 사회적 차별로부터
더 적극적인 자유를 찾을 때입니다.

그것이 이 시대 헌법과 함께 찾아야 할 진정한 자유라 믿습니다.

권리

제10조   행복을 추구할 권리를 가진다

제12조   변호인의 조력을 받을 권리를 가진다

          법원에 구속의 적법에 대한 심사를 청구할 권리를 가진다

제24조   선거권을 가진다

제25조   공무담임권을 가진다

제26조   청원할 권리를 가진다

제27조   법률에 의한 재판을 받을 권리를 가진다

제31조   교육을 받을 권리를 가진다

제32조   근로의 권리를 가진다

제33조   단결권·단체교섭권 및 단체행동권을 가진다

제34조   인간다운 생활을 할 권리를 가진다

제35조   건강하고 쾌적한 환경에서 생활할 권리를 가지며

헌법은 우리의 권리를 위해 존재합니다.

인간이기에 갖는 권리이자
국민이기에 갖는 권리입니다.

소수의 특별한 신분에게만 주어진 권리가 아닙니다.
나라의 국민이라면 모두에게 동등하게 주어진 힘입니다.

하늘이 부여한 사람으로서의 존엄과 행복을 추구할 권리
평등하게 대우받고 차별받지 아니할 권리
국가를 위해 일할 사람을 선택하고 나아가 일할 수 있는 권리
균등하게 교육받고 일하고 인간다운 생활을 할 권리

역사를 통해,
바로 이러한 소중한 권리를
왕으로부터 국가권력으로부터 되찾아 오고자,
나아가 다시는 빼앗기지 않으려,
명확한 단어들과 문장으로
자유와 권리를 위한 선언을 했습니다.

바로 헌법입니다.

민주공화국

제1조

① 대한민국은 민주공화국이다

1919. 4. 11. 대한민국 임시헌장
제1조 대한민국은 민주공화제로 함

1919. 9. 11. 대한민국 임시헌법
제1조 대한민국은 대한인민으로 조직함

1948. 7. 17. 대한민국헌법
제1조 대한민국은 민주공화국이다

헌법은 국민 모두가 주인인 나라라 선언합니다.

오늘의 대한민국 헌법은,
1919년 3·1운동으로 건립된 대한민국 임시정부의 법통을 계승합니다.

빛을 잃은 엄혹한 일제강점기 시절.
선열들은 3·1운동으로 대한독립 만세를 외쳤고,
탄압에도 굴하지 않고 저 먼 이국땅에 대한민국 임시정부를 세웠습니다.
1919년 임시헌장과 임시헌법을 만들어 전 세계에 선언합니다.

우리의 조국 대한민국은
"주권이 국민에게 있고, 주권의 운용이 국민의 의사에 따라 이루어지는 나라"
민주공화제라고!

그리고 이 헌법정신에 따라
잃어버린 나라를 찾기 위한 위대한 독립투쟁의 길로 나섰고
마침내 1945년 광복을 되찾았습니다.

그리고 1948년 7월 17일,
주권국가 대한민국헌법의 이름으로
전 세계에 당당히 다시 선포합니다.
"대한민국은 민주공화국이다"

오늘의 우리가 잊지 말아야 할,
국민이 주인인 나라
민주공화국 대한민국 역사의 첫 시작입니다.

주권

제1조

② 대한민국의 주권은 국민에게 있고
   모든 권력은 국민으로부터 나온다

1919. 9.11. 대한민국 임시헌법
제2조 대한민국의 주권은 대한인민 전체에 재함

헌법은 대한민국 최고 권력이 국민이라 말합니다.

나라의 '주인 된 권리'를 주권이라 합니다.

"대한민국의 주권은 국민에게 있고,
모든 권력은 국민으로부터 나온다"라는 이 정신이
바로 헌법의 가장 중심된 정신입니다.

신의 권력에서 왕의 권력으로,
왕의 권력에서 마침내 국민의 권리로!

수많은 희생과 헌신의 역사에서 만들어 온
〈국민주권〉의 이 위대한 정신은

헌법과 함께
대한민국과 함께
국민과 함께
영원할 것입니다!

평화와 통일

전　문　평화적 통일의 사명

　　　　세계평화와 인류공영

제 4 조　평화적 통일 정책을 수립하고 이를 추진한다

제 5 조　국제평화의 유지에 노력하고

제66조　대통령은 조국의 평화적 통일을 위한 성실한 의무

제69조　조국의 평화적 통일

헌법은 평화와 통일을 명합니다.

전쟁의 역사, 수많은 희생, 인간 존엄의 훼손
분단의 아픔, 이산가족의 슬픔, 전쟁포화 속 어린이의 눈물

유엔 헌장
유엔 세계인권선언
유엔 아동권리선언
평화를 위한 세계인 모두의 약속입니다.

우리 또한 불과 70여 년 전,
같은 민족끼리 큰 희생을 치른 아픈 전쟁을 겪었습니다.

세계인의 약속과 함께 우리 헌법에서도
세계평화와 인류공영을 소망합니다.
침략적 전쟁을 부인하고 국제평화 유지를 선언합니다.

헌법은 명합니다!

평화가 먼저입니다.
평화롭게 공존하고 평화롭게 소통하고 만나고 이해하고,
그리고 마침내 **평화로운 하나 됨**이 되어야 할 것입니다.

평화와 통일은!
우리들과 우리들의 자손의 안전과 자유와 행복을
영원히 확보하기 위함입니다.

UN 세계인권선언

제1조 모든 사람은 태어날 때부터 자유롭고 그 존엄과 권리에 있어 평등합니다. 사람은 하늘이 준 생각과 양심을 가지고 있으며, 서로 형제처럼 사랑하는 마음으로 행동해야 합니다.

제2조 모든 사람은 인종, 피부색, 성, 언어, 종교, 정치적 또는 그밖에 의견, 민족적 또는 사회적 출신, 재산, 출생 또는 기타의 신분과 같은 어떠한 종류의 차별이 없습니다. 이 선언에서 말한 대로 모든 권리와 자유를 누릴 자격이 있습니다.

제3조 모든 사람은 생명과 신체의 자유와 안전에 대한 권리를 가집니다.

제5조 어느 누구도 고문, 또는 잔혹하거나 비인도적이거나 굴욕적인 처우 또는 형벌을 받지 않습니다.

제6조 모든 사람은 어디에서나 법 앞에 인간으로서 인정받을 권리를 가집니다.

제7조 모든 사람은 법 앞에 평등하며 어떠한 차별도 없이 법의 동등한 보호를 받을 권리를 가집니다. 모든 사람은 이 선언에 위반되는 어떠한 차별과 그러한 차별의 선동으로부터 동등한 보호를 받을 권리를 가집니다.

(중략)

UN 세계인권선언
(유엔총회 채택, 1948.12.10.)

'인권'은 인류가 추구해야할 소중한 가치입니다.
사람으로서의 권리,
자유와 평등을 보장하기 위한 세계의 약속입니다.

UN 아동권리선언

제2조   모든 아동은 아동과 아동의 부모(후견인)의 인종, 피부색, 성별, 언어, 종교, 정치적 의견, 민족적·인종적·사회적 출신, 재산, 장애 여부, 태생, 신분 등에 따라 차별 없이 권리를 보장받습니다.

제6조   모든 아동은 생명에 대한 고유한 권리를 가지고 있고, 아동의 생존과 발달은 최대한 보장되어야 합니다.

제7조   아동은 출생 후 즉시 등록되어야 하며, 성명권과 국적취득권을 가집니다. 가능한 자신의 부모를 알고 부모에 의해 양육 받을 권리를 가집니다.

제12조   아동은 자신에게 영향을 미치는 모든 문제에 대해 의견을 자유롭게 표현할 권리를 보장받아야 합니다.

제16조   아동은 사생활, 가족, 가정 또는 통신에 대해 자의적이거나 위법적인 간섭을 받지 않고, 명예나 명성에 대한 위법적인 공격을 받지 않으며, 이러한 간섭 또는 비난으로부터 법의 보호를 받을 권리를 가집니다.

제28조   아동의 초등교육은 무료로 받으며, 능력에 맞게 더 높은 교육도 받을 수 있습니다.

제31조   아동은 휴식과 여가를 즐기고, 자신의 나이에 맞는 놀이와 오락 활동에 참여하며, 문화 생활과 예술 활동에 자유롭게 참여할 수 있는 권리를 가집니다.

제32조   아동은 위험하거나 교육에 방해되거나, 몸과 마음에 해가 되는 노동을 해서는 안 됩니다.

제38조   아동은 전쟁지역에서 특별한 보호를 받아야 합니다.

UN 아동권리선언
(유엔총회 채택, 1989.11.20.)

지구별 아동의 존엄성을 지키기 위한 세계의 약속입니다.
아동은 생존권, 발달권, 보호권, 참여권 등 당당한 권리의 주체입니다.

02

[사진 : 임병택, 울릉도 해넘이]

헌법은 이렇게 생겼어요!

꼭 알아야 할, 헌법 핵심구조

헌법은 어렵지 않습니다.

헌법이라고 하면 많은 분들이 막연히 어려울 거라는 생각을 합니다.
한자가 많은 딱딱한 법전을 떠올리는 분들도 계시고,
1,000페이지가 넘는 두꺼운 기본서를 떠올리는 분들도 많습니다.
그러나 헌법은 양도 많지 않고, 내용도 어렵지 않습니다.
우리가 쉽게 볼 수 있는 동호회 회칙이나 부동산 계약서를
몇 개 합쳐놓은 정도의 양입니다.
그리고 헌법 조문을 읽어보더라도 어렵지 않은 평이한 단어들과 문장입니다.

헌법은 이렇게 생겼습니다.

머리말 성격인 전문과 총 130개 조문, 그리고 6개의 부칙으로 되어 있습니다.
총 글자 수는 부칙포함 약 14,295개(공백제외)이며,
눈으로 읽으면 10분이면 읽을 수 있습니다.
소리 내어 읽어도 1시간 이내면 다 읽을 수 있습니다.

바쁘시다면 1조에서 39조를 중심으로 알고 계셔도 됩니다.

1조부터 9조까지는 주권, 국민, 영토와 평화 등 우리나라 대한민국에 대한 정의입니다. 인간의 존엄과 가치를 이야기하는 10조 그리고 평등을 약속한 11조를 비롯해 39조까지는 헌법이 보장하는 국민의 자유와 권리 그리고 의무에 대해 말하고 있습니다.

40조부터 116조까지는 국회와 대통령, 정부, 법원, 헌법재판소, 선거관리위원회 등 주권자인 국민으로부터 위임받은 국가권력을 행사하는 헌법기관에 대한 설명입니다.

117조부터 118조까지는 지방자치, 119조부터 127조까지는 경제, 128조부터 130조까지는 헌법 개정에 대해 말하고 있습니다.

헌법이라는 '숲',
그리고 헌법을 이루는 '나무와 꽃'

헌법을 조금 더 쉽게 이해하기 위한 방법이 있습니다.
헌법 전체가 어떻게 구성되어 있는지
먼저 목차를 중심으로 크고 넓게 살펴봅니다.
그리고 각 장의 조문들이 담고 있는 의미를 자세히 살펴봅니다.
헌법의 구조를 살펴보는 것입니다.

헌법의 구조는 숲과 같습니다.
헌법이라는 숲에는
헌법을 이루는 여러 나무들과 꽃들이 있습니다.

헌법이라는 숲!
그 숲을 이루는 여러 나무와 꽃.

대한민국 나무, 인간의 존엄 꽃들, 대한민국 국민의 권리, 평등 꽃, 대통령과 국회 나무, 주권과 국민, 영토, 통일, 평화권리와 의무, 사람의 권리, 국가에 요구할 수 있는 권리, 나라를 지켜야 하는 국방의 의무, 교육의무, 납세의무 헌법나무

근로의 의무,깨끗한 자연을 위한 환경의 의무,법을 만드는 국회 나라를 대표하는 대통령, 나라 살림 국무총리, 나라 살림을 감독하는 감사원, 행복할 권리, 민주주의 꽃은 선거, 지방자치

근로의 의무,깨끗한 자연을 위한 환경의 의무,법을 만드는 국회 나라를 대표하는 대통령, 나라살림 국무총리, 나라 살림을 감독하는 감사원, 행복할 권리, 민주주의 꽃은 선거, 자유 인간 존엄

대한민국 나무, 인간의 존엄 꽃들, 대한민국 국민의 권리, 평등 꽃, 대통령과 국회 나무, 주권과 국민, 영토, 통일, 평화권리와 의무, 사람의 권리, 나라를 지켜야 하는 국방의 의무, 교육의무, 납세의무 헌법나무

아름다운 대한민국 나무, 인간의 존엄 꽃들, 대한민국 국민의 권리, 평등 꽃, 대통령과 국회 나무, 주권과 국민, 영토, 통일, 평화권리와 의무, 사람의 권리, 국가에 요구할 수 있는 권리, 나라를 지켜야 하는 국방의 의무, 교육의무, 납세의무 대한민국

대한민국이라는 나무,
민주주의라는 꽃,
주권이라는 꽃,
인간의 존엄이라는 꽃,
평등이라는 꽃,
행복할 권리라는 꽃,
국회와 대통령이라는 나무,
법원과 헌법재판소라는 나무,

그리고 또 다른 여러 나무와 꽃들.

헌법이라는 숲 전체를 보고,
서로 더불어서 그 숲을 이루는
나무와 꽃들을 하나씩 자세히 살펴봅니다.

각각의 나무와 꽃들이 품고 있는 소중한 의미가 모여

우리의 자유와 권리 그리고 행복을 지켜주는
〈헌법 숲〉이라는 '아름다운 약속'이 됩니다.

헌법 숲을 먼저 봅니다.

헌법은 이렇게 생겼습니다.

대한민국 헌법은 머리말에 해당하는 전문과 130개 조문으로
이루어져 있습니다.

헌법은
우리나라는 어떤 모습이고,
우리나라의 힘은 누구에게 있고,
우리나라는 어떤 나라여야 하는지 분명히 밝히고 있습니다.

사람들의 권리와 의무에 대해서도 자세히 말하고 있습니다.

인간으로서의 존엄과 가치, 행복추구권,
자유권, 평등권, 참정권, 사회권, 청구권 등
태어날 때부터 사람이기에 가지게 되는 권리, 천부인권과
대한민국 국민이기에 가지게 되는 권리, 기본권을 말합니다.

다함께 살아가는 세상입니다.
개인의 안전과 국가의 유지 발전을 위해
국민으로서 당연히 해야 할 일, '의무'도 정해 놓았습니다.

국민의 자유와 권리, 안전을 지켜주기 위해 존재하는
대한민국 국가기관에 대해서도 말합니다.

법을 만들고 고치는 국회,
나라살림을 하는 대통령과 국무총리 등 정부,
법을 해석하고 재판하는 법원,
헌법을 지키고 국민의 기본권을 수호하는 헌법재판소,
선거를 관리하는 선거관리위원회,
우리 마을의 문제를 직접 해결해 나가는 지방자치,

그리고

우리나라 경제는 어떤 모습이어야 하는지,
경제 활동하는 사람과 기업들이 꼭 지켜야 하는 기본 되는 원칙,
경제 질서를 말하고 있습니다.

마지막으로는,

이 중요한 헌법을 고치는 방법에 대해 정하고 있습니다.

헌법 숲의 나무와 꽃

헌법의 구체적인 모습입니다.

헌법은 전문, 10개 장에 담긴 130개 조문, 부칙으로 이루어져 있습니다.

헌법 **전문**, 머리말과 같습니다.
헌법의 첫머리에 우리헌법의 취지와 내용, 중심정신과 가치를 담은 문장입니다.
우리헌법이 추구해야 할 목표와 방향을 분명히 밝히고 있습니다.
우리나라는 어떤 나라여야 하는지와 우리나라 국민의 소중함을 말합니다.
그리고 헌법을 만드는데 꼭 알아야 할 역사적 사건과 정신을 밝히고 있습니다.

1장은 **'총강', '중심 되는 틀'** 이라는 뜻입니다.
1조부터 9조까지, 9개 조문으로 이루어져 있습니다.
주권과 국민, 영토, 통일, 평화, 문화 등
우리나라의 가장 기본 되는 틀을 말하고 있습니다.
우리나라 '대한민국'과 '국민'을 말합니다.

2장은 우리들의 **'권리와 의무'** 를 말하고 있습니다.
10조부터 39조까지, 30개 조문으로 이루어져 있습니다.
태어날 때부터 사람이기에 무조건 갖게 되는 권리
대한민국 국민이기에 얻게 되는 권리
그리고 국가에 요구할 수 있는 권리를 말하고 있습니다.

지켜야 하는 의무도 말합니다.
나라를 지켜야 하는 **국방의 의무**
세금을 내야하는 **납세의 의무**
자녀에게 교육을 받게 할 **교육의 의무**
일해야 하는 **근로의 의무**
깨끗한 자연을 지키기 위한 **환경의 의무**

3장은 '**국회**'에 대해 말합니다.
40조부터 65조까지, 26개 조문으로 이루어져 있습니다.
입법권은 국회에 있다고 말합니다.
법을 만드는 과정과 절차,
국회를 구성하고 있는 국회의원에 대해
그리고 국회가 가진 여러 기능과 권한을 말하고 있습니다.

4장은 '**대통령**'과 '**정부**'에 대해 말합니다.
66조부터 100조까지, 35개 조문으로 이루어져 있습니다.
나라를 대표하는 '대통령'과, 대통령을 도와 나라살림을 하는
'국무총리'와 '장관' 등에 대해 말하고 있습니다.
그리고 이러한 나라살림을 감독하는 '감사원'에 대해서도 말합니다.

5장은 '법원'에 대해 말합니다.
101조에서 110조까지, 10개 조문으로 이루어져 있습니다.
대법원과 여러 법원 그리고 재판을 하는 법관 등에 대해 말합니다.
우리의 권리를 찾기 위해 다양한 모습으로 재판을 합니다.
재판결과가 우리 삶에 미치는 영향이 크기에 세 번까지 재판을 받을 수 있습니다.

6장은 '헌법재판소'에 대해 말합니다.
111조부터 113조까지, 3개 조문으로 이루어져 있습니다.
헌법을 해석하고 여러 헌법과 관련된 문제에 대한 결정을 하는 최고의 재판소입니다.
헌법을 수호하고, 헌법이 말하고 있는 국민의 자유와 권리를 지키고 보호하는 곳입니다.

7장은 '선거관리'에 대해 말합니다.
114조부터 116조까지, 3개 조문으로 이루어져 있습니다.
민주주의의 꽃은 '선거'라 말합니다.
우리를 대신해 일할 사람, 우리를 대표하는 사람을
직접 선택하는 과정이기 때문입니다.
선거관리와 선거원칙 등에 대해 말하고 있습니다.

8장은 '지방자치'에 대해 말합니다.
117조에서 118조까지, 2개 조문으로 이루어져 있습니다.
'지방자치단체'에 관한 이야기입니다.
'중앙정부'와 대비되는 뜻으로 '지방정부'라고도 합니다.
우리 마을을 위해 일하는 사람과 기관들에 대해 말하고 있습니다.
지방이 잘 살아야 나라 전체가 균형 있게 발전하고 고루 잘 삽니다.
지방을 살리는 것이 나라를 살리는 것입니다.

9장은 '경제'에 대해 말합니다.
119조에서 127조까지, 9개 조문으로 이루어져 있습니다.
살아가기 위해 우리는 다양한 경제활동을 합니다.
더 좋은 경제활동이 이뤄지도록 지켜야 하는 원칙과
균형 있는 경제 발전을 위한 국가의 역할 등에 대해 말합니다.

10장은 '헌법개정'에 대해 말합니다.
128조부터 130조까지, 3개 조문으로 이루어져 있습니다.
헌법은 쉽게 바꿀 수 없습니다.
우리들의 자유와 권리 그리고 국가를 만든 정신이기 때문입니다.
그러나 빠르게 변화하는 시대의 모습을 적절히 반영해 바꾸기도 해야 합니다.
중요한 헌법을 바꿀 때는 어떻게 해야 하는지 말합니다.

헌법은 '등대'입니다

헌법은 '등대'와도 같습니다.

등대가 어두운 밤바다를 밝히며
배의 항로를 안내하듯
우리가 따라야 할 가치를
우리나라가 가야할 방향을 가리켜줍니다.

우리나라 국민 모두가
사람으로서 존엄과 가치를 가지며
차별받지 않으며
행복할 권리를 가진 사람들이라는 것을

우리나라는
우리 국민의 자유와 권리를 지켜주기 위해
존재한다는 것을

100여 년 전
3·1 운동과 독립운동을 한 것도
우리의 행복을 지켜줄 나라를 되찾기 위해서였다는 것을
더 간절한 마음이었다는 것을

1960년 4·19 혁명과
1980년 5·18 광주 민주화운동처럼
수많은 희생을 치르고도
우리가 끊임없이 민주주의를 외친 것은

우리의 행복을 지켜주기 위한
'나라다운 나라'
'국민이 주인인 나라'를 위해서였습니다.

헌법이라는 등대가 가리키는 대한민국은

'평화로운 나라'가 되길 원하고
'국민이 주인인 나라'가 되길 원하고
왕이나 사람이 아닌 '법에 의해 다스려지는 나라'가 되길 원하고
'문화가 풍성한 나라'가 되길 원하고
사람답게 사는 '복지의 나라'가 되길 원합니다.

이런 나라를 통해

우리의 자유와 평등을 지켜주고,
사람으로서의 존엄과 가치를 존중하며,
행복하게 해주기 위해서입니다.

03

※ 독자들의 이해를 돕기 위해 현암사 「법전」 조문의 제목의 형식을 인용하였으며, 한글학자 이오덕 선생님의 「내 손 안에 헌법」을 참고하였습니다. 헌법 130개 조문을 더 쉽게 이해할 수 있도록 글쓴이의 방식대로 수정·발전시킨 제목을 달았습니다.

[사진 : 임병택, 시흥갯골에 뜬 보름달]

대한민국 헌법

전문, 그리고 130개 조문과 부칙

대한민국헌법
[헌법 제10호, 1987. 10. 29. 전부개정]

전문

유구한 역사와 전통에 빛나는 우리 대한국민은 3·1운동으로 건립된 대한민국임시정부의 법통과 불의에 항거한 4·19민주이념을 계승하고, 조국의 민주개혁과 평화적 통일의 사명에 입각하여 정의·인도와 동포애로써 민족의 단결을 공고히 하고, 모든 사회적 폐습과 불의를 타파하며, 자율과 조화를 바탕으로 자유민주적 기본질서를 더욱 확고히 하여 정치·경제·사회·문화의 모든 영역에 있어서 각인의 기회를 균등히 하고, 능력을 최고도로 발휘하게 하며, 자유와 권리에 따르는 책임과 의무를 완수하게 하여, 안으로는 국민생활의 균등한 향상을 기하고 밖으로는 항구적인 세계평화와 인류공영에 이바지함으로써 우리들과 우리들의 자손의 안전과 자유와 행복을 영원히 확보할 것을 다짐하면서 1948년 7월 12일에 제정되고 8차에 걸쳐 개정된 헌법을 이제 국회의 의결을 거쳐 국민투표에 의하여 개정한다.

제1장 총강

제1조 [나라 이름, 나라의 형태, 주권의 주인]
　① 대한민국은 민주공화국이다.
　② 대한민국의 주권은 국민에게 있고, 모든 권력은 국민으로부터 나온다.
제2조 [국민의 요건, 외국에 있는 국민의 보호]
　① 대한민국의 국민이 되는 요건은 법률로 정한다.
　② 국가는 법률이 정하는 바에 의하여 재외국민을 보호할 의무를 진다.
제3조 [영토]
　대한민국의 영토는 한반도와 그 부속도서로 한다.
제4조 [평화 통일정책]
　대한민국은 통일을 지향하며, 자유민주적 기본질서에 입각한 평화적 통일정책을 수립하고 이를 추진한다.
제5조 [국제평화주의, 국군의 정치 중립]
　① 대한민국은 국제평화의 유지에 노력하고 침략적 전쟁을 부인한다.
　② 국군은 국가의 안전보장과 국토방위의 신성한 의무를 수행함을 사명으로 하며, 그 정치적 중립성은 준수된다.
제6조 [조약과 국제법규, 외국인의 지위]
　① 헌법에 의하여 체결·공포된 조약과 일반적으로 승인된 국제법규는 국내법과 같은 효력을 가진다.
　② 외국인은 국제법과 조약이 정하는 바에 의하여 그 지위가 보장된다.
제7조 [공무원의 지위, 정치 중립]
　① 공무원은 국민전체에 대한 봉사자이며, 국민에 대하여 책임을 진다.
　② 공무원의 신분과 정치적 중립성은 법률이 정하는 바에 의하여 보장된다.
제8조 [정당]
　① 정당의 설립은 자유이며, 복수정당제는 보장된다.
　② 정당은 그 목적·조직과 활동이 민주적이어야 하며, 국민의 정치적 의사형성에 참여하는데 필요한 조직을 가져야 한다.

③ 정당은 법률이 정하는 바에 의하여 국가의 보호를 받으며, 국가는 법률이 정하는 바에 의하여 정당운영에 필요한 자금을 보조할 수 있다.
④ 정당의 목적이나 활동이 민주적 기본질서에 위배될 때에는 정부는 헌법재판소에 그 해산을 제소할 수 있고, 정당은 헌법재판소의 심판에 의하여 해산된다.

제9조 [전통문화와 민족문화]
국가는 전통문화의 계승·발전과 민족문화의 창달에 노력하여야 한다.

제2장 국민의 권리와 의무

제10조 [사람의 존엄과 가치, 행복을 추구할 권리, 기본 인권 보장]
모든 국민은 인간으로서의 존엄과 가치를 가지며, 행복을 추구할 권리를 가진다. 국가는 개인이 가지는 불가침의 기본적 인권을 확인하고 이를 보장할 의무를 진다.

제11조 [평등, 차별금지]
① 모든 국민은 법 앞에 평등하다. 누구든지 성별·종교 또는 사회적 신분에 의하여 정치적·경제적·사회적·문화적 생활의 모든 영역에 있어서 차별을 받지 아니한다.
② 사회적 특수계급의 제도는 인정되지 아니하며, 어떠한 형태로도 이를 창설할 수 없다.
③ 훈장등의 영전은 이를 받은 자에게만 효력이 있고, 어떠한 특권도 이에 따르지 아니한다.

제12조 [신체의 자유]
① 모든 국민은 신체의 자유를 가진다. 누구든지 법률에 의하지 아니하고는 체포·구속·압수·수색 또는 심문을 받지 아니하며, 법률과 적법한 절차에 의하지 아니하고는 처벌·보안처분 또는 강제노역을 받지 아니한다.
② 모든 국민은 고문을 받지 아니하며, 형사상 자기에게 불리한 진술을 강

요당하지 아니한다.

③ 체포·구속·압수 또는 수색을 할 때에는 적법한 절차에 따라 검사의 신청에 의하여 법관이 발부한 영장을 제시하여야 한다. 다만, 현행범인인 경우와 장기 3년 이상의 형에 해당하는 죄를 범하고 도피 또는 증거인멸의 염려가 있을 때에는 사후에 영장을 청구할 수 있다.

④ 누구든지 체포 또는 구속을 당한 때에는 즉시 변호인의 조력을 받을 권리를 가진다. 다만, 형사피고인이 스스로 변호인을 구할 수 없을 때에는 법률이 정하는 바에 의하여 국가가 변호인을 붙인다.

⑤ 누구든지 체포 또는 구속의 이유와 변호인의 조력을 받을 권리가 있음을 고지받지 아니하고는 체포 또는 구속을 당하지 아니한다. 체포 또는 구속을 당한 자의 가족등 법률이 정하는 자에게는 그 이유와 일시·장소가 지체없이 통지되어야 한다.

⑥ 누구든지 체포 또는 구속을 당한 때에는 적부의 심사를 법원에 청구할 권리를 가진다.

⑦ 피고인의 자백이 고문·폭행·협박·구속의 부당한 장기화 또는 기망 기타의 방법에 의하여 자의로 진술된 것이 아니라고 인정될 때 또는 정식재판에 있어서 피고인의 자백이 그에게 불리한 유일한 증거일 때에는 이를 유죄의 증거로 삼거나 이를 이유로 처벌할 수 없다.

제13조 [형벌불소급, 이중처벌금지, 소급입법의 금지, 연좌제 금지]

① 모든 국민은 행위시의 법률에 의하여 범죄를 구성하지 아니하는 행위로 소추되지 아니하며, 동일한 범죄에 대하여 거듭 처벌받지 아니한다.

② 모든 국민은 소급입법에 의하여 참정권의 제한을 받거나 재산권을 박탈당하지 아니한다.

③ 모든 국민은 자기의 행위가 아닌 친족의 행위로 인하여 불이익한 처우를 받지 아니한다.

제14조 [거주·이전의 자유]

모든 국민은 거주·이전의 자유를 가진다.

제15조 [직업선택의 자유]

모든 국민은 직업선택의 자유를 가진다.

제16조 [주거의 자유]

모든 국민은 주거의 자유를 침해받지 아니한다. 주거에 대한 압수나 수색을 할 때에는 검사의 신청에 의하여 법관이 발부한 영장을 제시하여야 한다.

제17조 [사생활의 비밀과 자유]

모든 국민은 사생활의 비밀과 자유를 침해받지 아니한다.

제18조 [통신의 비밀 보장]

모든 국민은 통신의 비밀을 침해받지 아니한다.

제19조 [양심의 자유]

모든 국민은 양심의 자유를 가진다.

제20조 [종교의 자유]

① 모든 국민은 종교의 자유를 가진다.

② 국교는 인정되지 아니하며, 종교와 정치는 분리된다.

제21조 [언론·출판의 자유, 집회·결사의 자유]

① 모든 국민은 언론·출판의 자유와 집회·결사의 자유를 가진다.

② 언론·출판에 대한 허가나 검열과 집회·결사에 대한 허가는 인정되지 아니한다.

③ 통신·방송의 시설기준과 신문의 기능을 보장하기 위하여 필요한 사항은 법률로 정한다.

④ 언론·출판은 타인의 명예나 권리 또는 공중도덕이나 사회윤리를 침해하여서는 아니된다. 언론·출판이 타인의 명예나 권리를 침해한 때에는 피해자는 이에 대한 피해의 배상을 청구할 수 있다.

제22조 [학문과 예술의 자유, 지적재산권의 보호]

① 모든 국민은 학문과 예술의 자유를 가진다.

② 저작자·발명가·과학기술자와 예술가의 권리는 법률로써 보호한다.

제23조 [재산권의 보장과 제한]

① 모든 국민의 재산권은 보장된다. 그 내용과 한계는 법률로 정한다.

② 재산권의 행사는 공공복리에 적합하도록 하여야 한다.

③ 공공필요에 의한 재산권의 수용·사용 또는 제한 및 그에 대한 보상은 법률로써 하되, 정당한 보상을 지급하여야 한다.

제24조 [선거권]

모든 국민은 법률이 정하는 바에 의하여 선거권을 가진다.

제25조 [공무를 맡을 권리]

모든 국민은 법률이 정하는 바에 의하여 공무담임권을 가진다.

제26조 [청원권]

① 모든 국민은 법률이 정하는 바에 의하여 국가기관에 문서로 청원할 권리를 가진다.

② 국가는 청원에 대하여 심사할 의무를 진다.

제27조 [재판을 받을 권리, 피고인의 무죄추정, 피해자 진술권]

① 모든 국민은 헌법과 법률이 정한 법관에 의하여 법률에 의한 재판을 받을 권리를 가진다.

② 군인 또는 군무원이 아닌 국민은 대한민국의 영역안에서는 중대한 군사상 기밀·초병·초소·유독음식물공급·포로·군용물에 관한 죄중 법률이 정한 경우와 비상계엄이 선포된 경우를 제외하고는 군사법원의 재판을 받지 아니한다.

③ 모든 국민은 신속한 재판을 받을 권리를 가진다. 형사피고인은 상당한 이유가 없는 한 지체없이 공개재판을 받을 권리를 가진다.

④ 형사피고인은 유죄의 판결이 확정될 때까지는 무죄로 추정된다.

⑤ 형사피해자는 법률이 정하는 바에 의하여 당해 사건의 재판절차에서 진술할 수 있다.

제28조 [형사 보상]

형사피의자 또는 형사피고인으로서 구금되었던 자가 법률이 정하는 불기소처분을 받거나 무죄판결을 받은 때에는 법률이 정하는 바에 의하여 국가에 정당한 보상을 청구할 수 있다.

제29조 [국가의 손해배상책임]

① 공무원의 직무상 불법행위로 손해를 받은 국민은 법률이 정하는 바에 의하여 국가 또는 공공단체에 정당한 배상을 청구할 수 있다. 이 경우 공무원 자신의 책임은 면제되지 아니한다.

② 군인·군무원·경찰공무원 기타 법률이 정하는 자가 전투·훈련등 직무집행과 관련하여 받은 손해에 대하여는 법률이 정하는 보상외에 국가 또는 공공단체에 공무원의 직무상 불법행위로 인한 배상은 청구할 수 없다.

제30조 [범죄피해자의 보호]

타인의 범죄행위로 인하여 생명·신체에 대한 피해를 받은 국민은 법률이 정하는 바에 의하여 국가로부터 구조를 받을 수 있다.

제31조 [교육을 받을 권리와 의무, 무상 의무교육, 대학의 자유, 평생교육]

① 모든 국민은 능력에 따라 균등하게 교육을 받을 권리를 가진다.

② 모든 국민은 그 보호하는 자녀에게 적어도 초등교육과 법률이 정하는 교육을 받게 할 의무를 진다.

③ 의무교육은 무상으로 한다.

④ 교육의 자주성·전문성·정치적 중립성 및 대학의 자율성은 법률이 정하는 바에 의하여 보장된다.

⑤ 국가는 평생교육을 진흥하여야 한다.

⑥ 학교교육 및 평생교육을 포함한 교육제도와 그 운영, 교육재정 및 교원의 지위에 관한 기본적인 사항은 법률로 정한다.

제32조 [일할 권리와 의무, 근로조건의 기준]

① 모든 국민은 근로의 권리를 가진다. 국가는 사회적·경제적 방법으로 근로자의 고용의 증진과 적정임금의 보장에 노력하여야 하며, 법률이 정하는 바에 의하여 최저임금제를 시행하여야 한다.

② 모든 국민은 근로의 의무를 진다. 국가는 근로의 의무의 내용과 조건을 민주주의원칙에 따라 법률로 정한다.

③ 근로조건의 기준은 인간의 존엄성을 보장하도록 법률로 정한다.

④ 여자의 근로는 특별한 보호를 받으며, 고용·임금 및 근로조건에 있어서

부당한 차별을 받지 아니한다.

⑤ 연소자의 근로는 특별한 보호를 받는다.

⑥ 국가유공자·상이군경 및 전몰군경의 유가족은 법률이 정하는 바에 의하여 우선적으로 근로의 기회를 부여받는다.

제33조 [일하는 사람의 권리 – 단결권, 단체교섭권, 단체행동권]

① 근로자는 근로조건의 향상을 위하여 자주적인 단결권·단체교섭권 및 단체행동권을 가진다.

② 공무원인 근로자는 법률이 정하는 자에 한하여 단결권·단체교섭권 및 단체행동권을 가진다.

③ 법률이 정하는 주요방위산업체에 종사하는 근로자의 단체행동권은 법률이 정하는 바에 의하여 이를 제한하거나 인정하지 아니할 수 있다.

제34조 [인간다운 생활을 할 권리]

① 모든 국민은 인간다운 생활을 할 권리를 가진다.

② 국가는 사회보장·사회복지의 증진에 노력할 의무를 진다.

③ 국가는 여자의 복지와 권익의 향상을 위하여 노력하여야 한다.

④ 국가는 노인과 청소년의 복지향상을 위한 정책을 실시할 의무를 진다.

⑤ 신체장애자 및 질병·노령 기타의 사유로 생활능력이 없는 국민은 법률이 정하는 바에 의하여 국가의 보호를 받는다.

⑥ 국가는 재해를 예방하고 그 위험으로부터 국민을 보호하기 위하여 노력하여야 한다.

제35조 [건강하고 쾌적한 환경에서 생활할 권리 – 환경권]

① 모든 국민은 건강하고 쾌적한 환경에서 생활할 권리를 가지며, 국가와 국민은 환경보전을 위하여 노력하여야 한다.

② 환경권의 내용과 행사에 관하여는 법률로 정한다.

③ 국가는 주택개발정책등을 통하여 모든 국민이 쾌적한 주거생활을 할 수 있도록 노력하여야 한다.

제36조 [혼인과 가족생활, 모성보호, 국민 보건]

① 혼인과 가족생활은 개인의 존엄과 양성의 평등을 기초로 성립되고 유지

되어야 하며, 국가는 이를 보장한다.

② 국가는 모성의 보호를 위하여 노력하여야 한다.

③ 모든 국민은 보건에 관하여 국가의 보호를 받는다.

제37조 [열거되지 않은 자유와 권리의 보장, 자유와 권리의 본질적 내용 침해금지]

① 국민의 자유와 권리는 헌법에 열거되지 아니한 이유로 경시되지 아니한다.

② 국민의 모든 자유와 권리는 국가안전보장·질서유지 또는 공공복리를 위하여 필요한 경우에 한하여 법률로써 제한할 수 있으며, 제한하는 경우에도 자유와 권리의 본질적인 내용을 침해할 수 없다.

제38조 [납세의 의무]

모든 국민은 법률이 정하는 바에 의하여 납세의 의무를 진다.

제39조 [국방의 의무]

① 모든 국민은 법률이 정하는 바에 의하여 국방의 의무를 진다.

② 누구든지 병역의무의 이행으로 인하여 불이익한 처우를 받지 아니한다.

제3장 국회

제40조 [입법권]

입법권은 국회에 속한다.

제41조 [국회의 구성]

① 국회는 국민의 보통·평등·직접·비밀선거에 의하여 선출된 국회의원으로 구성한다.

② 국회의원의 수는 법률로 정하되, 200인 이상으로 한다.

③ 국회의원의 선거구와 비례대표제 기타 선거에 관한 사항은 법률로 정한다.

제42조 [의원의 임기]

국회의원의 임기는 4년으로 한다.

제43조 [의원의 겸직 제한]
　국회의원은 법률이 정하는 직을 겸할 수 없다.
제44조 [불체포 특권]
　① 국회의원은 현행범인인 경우를 제외하고는 회기중 국회의 동의없이 체포 또는 구금되지 아니한다.
　② 국회의원이 회기전에 체포 또는 구금된 때에는 현행범인이 아닌 한 국회의 요구가 있으면 회기중 석방된다.
제45조 [국회에서의 발언과 표결에 대한 면책특권]
　국회의원은 국회에서 직무상 행한 발언과 표결에 관하여 국회외에서 책임을 지지 아니한다.
제46조 [국회의원의 의무]
　① 국회의원은 청렴의 의무가 있다.
　② 국회의원은 국가이익을 우선하여 양심에 따라 직무를 행한다.
　③ 국회의원은 그 지위를 남용하여 국가·공공단체 또는 기업체와의 계약이나 그 처분에 의하여 재산상의 권리·이익 또는 직위를 취득하거나 타인을 위하여 그 취득을 알선할 수 없다.
제47조 [정기회와 임시회]
　① 국회의 정기회는 법률이 정하는 바에 의하여 매년 1회 집회되며, 국회의 임시회는 대통령 또는 국회재적의원 4분의 1 이상의 요구에 의하여 집회된다.
　② 정기회의 회기는 100일을, 임시회의 회기는 30일을 초과할 수 없다.
　③ 대통령이 임시회의 집회를 요구할 때에는 기간과 집회요구의 이유를 명시하여야 한다.
제48조 [의장과 부의장]
　국회는 의장 1인과 부의장 2인을 선출한다.
제49조 [의결정족수와 다수결원칙]
　국회는 헌법 또는 법률에 특별한 규정이 없는 한 재적의원 과반수의 출석과 출석의원 과반수의 찬성으로 의결한다. 가부동수인 때에는 부결된 것으로 본다.

제50조 [회의공개의 원칙]

① 국회의 회의는 공개한다. 다만, 출석의원 과반수의 찬성이 있거나 의장이 국가의 안전보장을 위하여 필요하다고 인정할 때에는 공개하지 아니할 수 있다.

② 공개하지 아니한 회의내용의 공표에 관하여는 법률이 정하는 바에 의한다.

제51조 [의안의 폐기]

국회에 제출된 법률안 기타의 의안은 회기중에 의결되지 못한 이유로 폐기되지 아니한다. 다만, 국회의원의 임기가 만료된 때에는 그러하지 아니하다.

제52조 [법률안 제출권]

국회의원과 정부는 법률안을 제출할 수 있다.

제53조 [법률안에 대한 대통령의 거부권]

① 국회에서 의결된 법률안은 정부에 이송되어 15일 이내에 대통령이 공포한다.

② 법률안에 이의가 있을 때에는 대통령은 제1항의 기간내에 이의서를 붙여 국회로 환부하고, 그 재의를 요구할 수 있다. 국회의 폐회중에도 또한 같다.

③ 대통령은 법률안의 일부에 대하여 또는 법률안을 수정하여 재의를 요구할 수 없다.

④ 재의의 요구가 있을 때에는 국회는 재의에 붙이고, 재적의원과반수의 출석과 출석의원 3분의 2 이상의 찬성으로 전과 같은 의결을 하면 그 법률안은 법률로서 확정된다.

⑤ 대통령이 제1항의 기간내에 공포나 재의의 요구를 하지 아니한 때에도 그 법률안은 법률로서 확정된다.

⑥ 대통령은 제4항과 제5항의 규정에 의하여 확정된 법률을 지체없이 공포하여야 한다. 제5항에 의하여 법률이 확정된 후 또는 제4항에 의한 확정법

률이 정부에 이송된 후 5일 이내에 대통령이 공포하지 아니할 때에는 국회의장이 이를 공포한다.

⑦ 법률은 특별한 규정이 없는 한 공포한 날로부터 20일을 경과함으로써 효력을 발생한다.

제54조 [예산안의 심의]

① 국회는 국가의 예산안을 심의·확정한다.

② 정부는 회계연도마다 예산안을 편성하여 회계연도 개시 90일전까지 국회에 제출하고, 국회는 회계연도 개시 30일전까지 이를 의결하여야 한다.

③ 새로운 회계연도가 개시될 때까지 예산안이 의결되지 못한 때에는 정부는 국회에서 예산안이 의결될 때까지 다음의 목적을 위한 경비는 전년도 예산에 준하여 집행할 수 있다.

　1. 헌법이나 법률에 의하여 설치된 기관 또는 시설의 유지·운영
　2. 법률상 지출의무의 이행
　3. 이미 예산으로 승인된 사업의 계속

제55조 [계속비와 예비비]

① 한 회계연도를 넘어 계속하여 지출할 필요가 있을 때에는 정부는 연한을 정하여 계속비로서 국회의 의결을 얻어야 한다.

② 예비비는 총액으로 국회의 의결을 얻어야 한다. 예비비의 지출은 차기국회의 승인을 얻어야 한다.

제56조 [정부의 예산안 변경]

정부는 예산에 변경을 가할 필요가 있을 때에는 추가경정예산안을 편성하여 국회에 제출할 수 있다.

제57조 [국회의 예산 증액]

국회는 정부의 동의없이 정부가 제출한 지출예산 각항의 금액을 증가하거나 새 비목을 설치할 수 없다.

제58조 [국채의 모집이나 국가에 부담이 되는 계약]

국채를 모집하거나 예산외에 국가의 부담이 될 계약을 체결하려 할 때에는 정부는 미리 국회의 의결을 얻어야 한다.

제59조 [조세의 종목과 세율]

  조세의 종목과 세율은 법률로 정한다.

제60조 [조약·선전포고 등에 대한 동의권]

  ① 국회는 상호원조 또는 안전보장에 관한 조약, 중요한 국제조직에 관한 조약, 우호통상항해조약, 주권의 제약에 관한 조약, 강화조약, 국가나 국민에게 중대한 재정적 부담을 지우는 조약 또는 입법사항에 관한 조약의 체결·비준에 대한 동의권을 가진다.

  ② 국회는 선전포고, 국군의 외국에의 파견 또는 외국군대의 대한민국 영역안에서의 주류에 대한 동의권을 가진다.

제61조 [국정감사와 국정조사]

  ① 국회는 국정을 감사하거나 특정한 국정사안에 대하여 조사할 수 있으며, 이에 필요한 서류의 제출 또는 증인의 출석과 증언이나 의견의 진술을 요구할 수 있다.

  ② 국정감사 및 조사에 관한 절차 기타 필요한 사항은 법률로 정한다.

제62조 [국무총리 등의 출석·발언과 국회의 출석요구]

  ① 국무총리·국무위원 또는 정부위원은 국회나 그 위원회에 출석하여 국정처리상황을 보고하거나 의견을 진술하고 질문에 응답할 수 있다.

  ② 국회나 그 위원회의 요구가 있을 때에는 국무총리·국무위원 또는 정부위원은 출석·답변하여야 하며, 국무총리 또는 국무위원이 출석요구를 받은 때에는 국무위원 또는 정부위원으로 하여금 출석·답변하게 할 수 있다.

제63조 [국무총리와 국무위원의 해임건의]

  ① 국회는 국무총리 또는 국무위원의 해임을 대통령에게 건의할 수 있다.

  ② 제1항의 해임건의는 국회재적의원 3분의 1 이상의 발의에 의하여 국회재적의원 과반수의 찬성이 있어야 한다.

제64조 [국회의 의사와 내부규율]

  ① 국회는 법률에 저촉되지 아니하는 범위안에서 의사와 내부규율에 관한 규칙을 제정할 수 있다.

  ② 국회는 의원의 자격을 심사하며, 의원을 징계할 수 있다.

③ 의원을 제명하려면 국회재적의원 3분의 2 이상의 찬성이 있어야 한다.
④ 제2항과 제3항의 처분에 대하여는 법원에 제소할 수 없다.

제65조 [대통령 등에 대한 탄핵소추]
① 대통령·국무총리·국무위원·행정각부의 장·헌법재판소 재판관·법관·중앙선거관리위원회 위원·감사원장·감사위원 기타 법률이 정한 공무원이 그 직무집행에 있어서 헌법이나 법률을 위배한 때에는 국회는 탄핵의 소추를 의결할 수 있다.
② 제1항의 탄핵소추는 국회재적의원 3분의 1 이상의 발의가 있어야 하며, 그 의결은 국회재적의원 과반수의 찬성이 있어야 한다. 다만, 대통령에 대한 탄핵소추는 국회재적의원 과반수의 발의와 국회재적의원 3분의 2 이상의 찬성이 있어야 한다.
③ 탄핵소추의 의결을 받은 자는 탄핵심판이 있을 때까지 그 권한행사가 정지된다.
④ 탄핵결정은 공직으로부터 파면함에 그친다. 그러나, 이에 의하여 민사상이나 형사상의 책임이 면제되지는 아니한다.

제4장 정부

제1절 대통령

제66조 [대통령의 지위와 책무]
① 대통령은 국가의 원수이며, 외국에 대하여 국가를 대표한다.
② 대통령은 국가의 독립·영토의 보전·국가의 계속성과 헌법을 수호할 책무를 진다.
③ 대통령은 조국의 평화적 통일을 위한 성실한 의무를 진다.
④ 행정권은 대통령을 수반으로 하는 정부에 속한다.

제67조 [대통령의 선출]

① 대통령은 국민의 보통·평등·직접·비밀선거에 의하여 선출한다.

② 제1항의 선거에 있어서 최고득표자가 2인 이상인 때에는 국회의 재적의원 과반수가 출석한 공개회의에서 다수표를 얻은 자를 당선자로 한다.

③ 대통령후보자가 1인일 때에는 그 득표수가 선거권자 총수의 3분의 1 이상이 아니면 대통령으로 당선될 수 없다.

④ 대통령으로 선거될 수 있는 자는 국회의원의 피선거권이 있고 선거일 현재 40세에 달하여야 한다.

⑤ 대통령의 선거에 관한 사항은 법률로 정한다.

제68조 [대통령 선거의 시기, 보궐선거]

① 대통령의 임기가 만료되는 때에는 임기만료 70일 내지 40일전에 후임자를 선거한다.

② 대통령이 궐위된 때 또는 대통령 당선자가 사망하거나 판결 기타의 사유로 그 자격을 상실한 때에는 60일 이내에 후임자를 선거한다.

제69조 [대통령의 취임 선서]

대통령은 취임에 즈음하여 다음의 선서를 한다.

"나는 헌법을 준수하고 국가를 보위하며 조국의 평화적 통일과 국민의 자유와 복리의 증진 및 민족문화의 창달에 노력하여 대통령으로서의 직책을 성실히 수행할 것을 국민 앞에 엄숙히 선서합니다."

제70조 [대통령의 임기]

대통령의 임기는 5년으로 하며, 중임할 수 없다.

제71조 [대통령의 권한 대행]

대통령이 궐위되거나 사고로 인하여 직무를 수행할 수 없을 때에는 국무총리, 법률이 정한 국무위원의 순서로 그 권한을 대행한다.

제72조 [중요 정책의 국민 투표]

대통령은 필요하다고 인정할 때에는 외교·국방·통일 기타 국가안위에 관한 중요정책을 국민투표에 붙일 수 있다.

제73조 [외교에 관한 권한]

대통령은 조약을 체결·비준하고, 외교사절을 신임·접수 또는 파견하며, 선전포고와 강화를 한다.

제74조 [국군통수권]

① 대통령은 헌법과 법률이 정하는 바에 의하여 국군을 통수한다.

② 국군의 조직과 편성은 법률로 정한다.

제75조 [대통령령]

대통령은 법률에서 구체적으로 범위를 정하여 위임받은 사항과 법률을 집행하기 위하여 필요한 사항에 관하여 대통령령을 발할 수 있다.

제76조 [긴급경제·재정처분과 긴급명령]

① 대통령은 내우·외환·천재·지변 또는 중대한 재정·경제상의 위기에 있어서 국가의 안전보장 또는 공공의 안녕질서를 유지하기 위하여 긴급한 조치가 필요하고 국회의 집회를 기다릴 여유가 없을 때에 한하여 최소한으로 필요한 재정·경제상의 처분을 하거나 이에 관하여 법률의 효력을 가지는 명령을 발할 수 있다.

② 대통령은 국가의 안위에 관계되는 중대한 교전상태에 있어서 국가를 보위하기 위하여 긴급한 조치가 필요하고 국회의 집회가 불가능한 때에 한하여 법률의 효력을 가지는 명령을 발할 수 있다.

③ 대통령은 제1항과 제2항의 처분 또는 명령을 한 때에는 지체없이 국회에 보고하여 그 승인을 얻어야 한다.

④ 제3항의 승인을 얻지 못한 때에는 그 처분 또는 명령은 그때부터 효력을 상실한다. 이 경우 그 명령에 의하여 개정 또는 폐지되었던 법률은 그 명령이 승인을 얻지 못한 때부터 당연히 효력을 회복한다.

⑤ 대통령은 제3항과 제4항의 사유를 지체없이 공포하여야 한다.

제77조 [계엄선포]

① 대통령은 전시·사변 또는 이에 준하는 국가비상사태에 있어서 병력으로써 군사상의 필요에 응하거나 공공의 안녕질서를 유지할 필요가 있을 때에는 법률이 정하는 바에 의하여 계엄을 선포할 수 있다.

② 계엄은 비상계엄과 경비계엄으로 한다.
③ 비상계엄이 선포된 때에는 법률이 정하는 바에 의하여 영장제도, 언론·출판·집회·결사의 자유, 정부나 법원의 권한에 관하여 특별한 조치를 할 수 있다.
④ 계엄을 선포한 때에는 대통령은 지체없이 국회에 통고하여야 한다.
⑤ 국회가 재적의원 과반수의 찬성으로 계엄의 해제를 요구한 때에는 대통령은 이를 해제하여야 한다.

제78조 [공무원 임면권]
대통령은 헌법과 법률이 정하는 바에 의하여 공무원을 임면한다.

제79조 [사면·감형 및 복권]
① 대통령은 법률이 정하는 바에 의하여 사면·감형 또는 복권을 명할 수 있다.
② 일반사면을 명하려면 국회의 동의를 얻어야 한다.
③ 사면·감형 및 복권에 관한 사항은 법률로 정한다.

제80조 [영전 수여권]
대통령은 법률이 정하는 바에 의하여 훈장 기타의 영전을 수여한다.

제81조 [국회출석·발언권]
대통령은 국회에 출석하여 발언하거나 서한으로 의견을 표시할 수 있다.

제82조 [국무위원의 부서]
대통령의 국법상 행위는 문서로써 하며, 이 문서에는 국무총리와 관계 국무위원이 부서한다. 군사에 관한 것도 또한 같다.

제83조 [겸직 금지]
대통령은 국무총리·국무위원·행정각부의 장 기타 법률이 정하는 공사의 직을 겸할 수 없다.

제84조 [재직 중 형사재판의 예외]
대통령은 내란 또는 외환의 죄를 범한 경우를 제외하고는 재직중 형사상의 소추를 받지 아니한다.

제85조 [전직 대통령의 신분과 예우]
　전직대통령의 신분과 예우에 관하여는 법률로 정한다.

제2절 행정부

제1관 국무총리와 국무위원

제86조 [국무총리]
　① 국무총리는 국회의 동의를 얻어 대통령이 임명한다.
　② 국무총리는 대통령을 보좌하며, 행정에 관하여 대통령의 명을 받아 행정각부를 통할한다.
　③ 군인은 현역을 면한 후가 아니면 국무총리로 임명될 수 없다.

제87조 [국무위원]
　① 국무위원은 국무총리의 제청으로 대통령이 임명한다.
　② 국무위원은 국정에 관하여 대통령을 보좌하며, 국무회의의 구성원으로서 국정을 심의한다.
　③ 국무총리는 국무위원의 해임을 대통령에게 건의할 수 있다.
　④ 군인은 현역을 면한 후가 아니면 국무위원으로 임명될 수 없다.

제2관 국무회의

제88조 [국무회의의 기능과 구성]
　① 국무회의는 정부의 권한에 속하는 중요한 정책을 심의한다.
　② 국무회의는 대통령·국무총리와 15인 이상 30인 이하의 국무위원으로 구성한다.
　③ 대통령은 국무회의의 의장이 되고, 국무총리는 부의장이 된다.

제89조 [심의 사항]
　다음 사항은 국무회의의 심의를 거쳐야 한다.
　　1. 국정의 기본계획과 정부의 일반정책
　　2. 선전・강화 기타 중요한 대외정책
　　3. 헌법개정안・국민투표안・조약안・법률안 및 대통령령안
　　4. 예산안・결산・국유재산처분의 기본계획・국가의 부담이 될 계약 기타 재정에 관한 중요사항
　　5. 대통령의 긴급명령・긴급재정경제처분 및 명령 또는 계엄과 그 해제
　　6. 군사에 관한 중요사항
　　7. 국회의 임시회 집회의 요구
　　8. 영전수여
　　9. 사면・감형과 복권
　　10. 행정각부간의 권한의 획정
　　11. 정부안의 권한의 위임 또는 배정에 관한 기본계획
　　12. 국정처리상황의 평가・분석
　　13. 행정각부의 중요한 정책의 수립과 조정
　　14. 정당해산의 제소
　　15. 정부에 제출 또는 회부된 정부의 정책에 관계되는 청원의 심사
　　16. 검찰총장・합동참모의장・각군참모총장・국립대학교총장・대사 기타 법률이 정한 공무원과 국영기업체관리자의 임명
　　17. 기타 대통령・국무총리 또는 국무위원이 제출한 사항

제90조 [국가 원로 자문회의]
　① 국정의 중요한 사항에 관한 대통령의 자문에 응하기 위하여 국가원로로 구성되는 국가원로자문회의를 둘 수 있다.
　② 국가원로자문회의의 의장은 직전대통령이 된다. 다만, 직전대통령이 없을 때에는 대통령이 지명한다.
　③ 국가원로자문회의의 조직・직무범위 기타 필요한 사항은 법률로 정한다.

제91조 [국가 안전 보장회의]
　① 국가안전보장에 관련되는 대외정책·군사정책과 국내정책의 수립에 관하여 국무회의의 심의에 앞서 대통령의 자문에 응하기 위하여 국가안전보장회의를 둔다.
　② 국가안전보장회의는 대통령이 주재한다.
　③ 국가안전보장회의의 조직·직무범위 기타 필요한 사항은 법률로 정한다.

제92조 [민주평화통일 자문회의]
　① 평화통일정책의 수립에 관한 대통령의 자문에 응하기 위하여 민주평화통일자문회의를 둘 수 있다.
　② 민주평화통일자문회의의 조직·직무범위 기타 필요한 사항은 법률로 정한다.

제93조 [국민경제 자문회의]
　① 국민경제의 발전을 위한 중요정책의 수립에 관하여 대통령의 자문에 응하기 위하여 국민경제자문회의를 둘 수 있다.
　② 국민경제자문회의의 조직·직무범위 기타 필요한 사항은 법률로 정한다.

제3관 행정각부

제94조 [행정각부의 장]
　행정각부의 장은 국무위원 중에서 국무총리의 제청으로 대통령이 임명한다.

제95조 [총리령과 부령]
　국무총리 또는 행정각부의 장은 소관사무에 관하여 법률이나 대통령령의 위임 또는 직권으로 총리령 또는 부령을 발할 수 있다.

제96조 [행정각부의 설치·조직과 직무범위]
　행정각부의 설치·조직과 직무범위는 법률로 정한다.

제4관 감사원

제97조 [감사원의 설치]
국가의 세입·세출의 결산, 국가 및 법률이 정한 단체의 회계검사와 행정기관 및 공무원의 직무에 관한 감찰을 하기 위하여 대통령 소속하에 감사원을 둔다.

제98조 [감사원의 구성]
① 감사원은 원장을 포함한 5인 이상 11인 이하의 감사위원으로 구성한다.
② 원장은 국회의 동의를 얻어 대통령이 임명하고, 그 임기는 4년으로 하며, 1차에 한하여 중임할 수 있다.
③ 감사위원은 원장의 제청으로 대통령이 임명하고, 그 임기는 4년으로 하며, 1차에 한하여 중임할 수 있다.

제99조 [세입·세출의 결산 검사]
감사원은 세입·세출의 결산을 매년 검사하여 대통령과 차년도국회에 그 결과를 보고하여야 한다.

제100조 [조직·직무범위 등]
감사원의 조직·직무범위·감사위원의 자격·감사대상공무원의 범위 기타 필요한 사항은 법률로 정한다.

제5장 법원

제101조 [사법권, 법원의 조직, 법관의 자격]
① 사법권은 법관으로 구성된 법원에 속한다.
② 법원은 최고법원인 대법원과 각급법원으로 조직된다.
③ 법관의 자격은 법률로 정한다.

제102조 [대법원]
① 대법원에 부를 둘 수 있다.

② 대법원에 대법관을 둔다. 다만, 법률이 정하는 바에 의하여 대법관이 아닌 법관을 둘 수 있다.

③ 대법원과 각급법원의 조직은 법률로 정한다.

제103조 [법관의 독립]

법관은 헌법과 법률에 의하여 그 양심에 따라 독립하여 심판한다.

제104조 [대법원장 · 대법관 · 법관의 임명]

① 대법원장은 국회의 동의를 얻어 대통령이 임명한다.

② 대법관은 대법원장의 제청으로 국회의 동의를 얻어 대통령이 임명한다.

③ 대법원장과 대법관이 아닌 법관은 대법관회의의 동의를 얻어 대법원장이 임명한다.

제105조 [대법원장 · 대법관 · 법관의 임기 · 정년]

① 대법원장의 임기는 6년으로 하며, 중임할 수 없다.

② 대법관의 임기는 6년으로 하며, 법률이 정하는 바에 의하여 연임할 수 있다.

③ 대법원장과 대법관이 아닌 법관의 임기는 10년으로 하며, 법률이 정하는 바에 의하여 연임할 수 있다.

④ 법관의 정년은 법률로 정한다.

제106조 [법관의 신분 보장]

① 법관은 탄핵 또는 금고 이상의 형의 선고에 의하지 아니하고는 파면되지 아니하며, 징계처분에 의하지 아니하고는 정직 · 감봉 기타 불리한 처분을 받지 아니한다.

② 법관이 중대한 심신상의 장해로 직무를 수행할 수 없을 때에는 법률이 정하는 바에 의하여 퇴직하게 할 수 있다.

제107조 [위헌심판제청, 위법심사, 행정심판]

① 법률이 헌법에 위반되는 여부가 재판의 전제가 된 경우에는 법원은 헌법재판소에 제청하여 그 심판에 의하여 재판한다.

② 명령 · 규칙 또는 처분이 헌법이나 법률에 위반되는 여부가 재판의 전제가 된 경우에는 대법원은 이를 최종적으로 심사할 권한을 가진다.

③ 재판의 전심절차로서 행정심판을 할 수 있다. 행정심판의 절차는 법률로 정하되, 사법절차가 준용되어야 한다.

제108조 [대법원규칙의 제정]
대법원은 법률에 저촉되지 아니하는 범위안에서 소송에 관한 절차, 법원의 내부규율과 사무처리에 관한 규칙을 제정할 수 있다.

제109조 [재판 공개의 원칙]
재판의 심리와 판결은 공개한다. 다만, 심리는 국가의 안전보장 또는 안녕질서를 방해하거나 선량한 풍속을 해할 염려가 있을 때에는 법원의 결정으로 공개하지 아니할 수 있다.

제110조 [군사법원과 군사재판]
① 군사재판을 관할하기 위하여 특별법원으로서 군사법원을 둘 수 있다.
② 군사법원의 상고심은 대법원에서 관할한다.
③ 군사법원의 조직·권한 및 재판관의 자격은 법률로 정한다.
④ 비상계엄하의 군사재판은 군인·군무원의 범죄나 군사에 관한 간첩죄의 경우와 초병·초소·유독음식물공급·포로에 관한 죄중 법률이 정한 경우에 한하여 단심으로 할 수 있다. 다만, 사형을 선고한 경우에는 그러하지 아니하다.

제6장 헌법재판소

제111조 [헌법재판소의 직무와 구성]
① 헌법재판소는 다음 사항을 관장한다.
  1. 법원의 제청에 의한 법률의 위헌여부 심판
  2. 탄핵의 심판
  3. 정당의 해산 심판
  4. 국가기관 상호간, 국가기관과 지방자치단체간 및 지방자치단체 상호간의 권한쟁의에 관한 심판

5. 법률이 정하는 헌법소원에 관한 심판

② 헌법재판소는 법관의 자격을 가진 9인의 재판관으로 구성하며, 재판관은 대통령이 임명한다.

③ 제2항의 재판관중 3인은 국회에서 선출하는 자를, 3인은 대법원장이 지명하는 자를 임명한다.

④ 헌법재판소의 장은 국회의 동의를 얻어 재판관중에서 대통령이 임명한다.

제112조 [헌법재판관]

① 헌법재판소 재판관의 임기는 6년으로 하며, 법률이 정하는 바에 의하여 연임할 수 있다.

② 헌법재판소 재판관은 정당에 가입하거나 정치에 관여할 수 없다.

③ 헌법재판소 재판관은 탄핵 또는 금고 이상의 형의 선고에 의하지 아니하고는 파면되지 아니한다.

제113조 [결정 정족수, 헌법재판소 규칙의 제정]

① 헌법재판소에서 법률의 위헌결정, 탄핵의 결정, 정당해산의 결정 또는 헌법소원에 관한 인용결정을 할 때에는 재판관 6인 이상의 찬성이 있어야 한다.

② 헌법재판소는 법률에 저촉되지 아니하는 범위안에서 심판에 관한 절차, 내부규율과 사무처리에 관한 규칙을 제정할 수 있다.

③ 헌법재판소의 조직과 운영 기타 필요한 사항은 법률로 정한다.

제7장 선거관리

제114조 [선거관리위원회]

① 선거와 국민투표의 공정한 관리 및 정당에 관한 사무를 처리하기 위하여 선거관리위원회를 둔다.

② 중앙선거관리위원회는 대통령이 임명하는 3인, 국회에서 선출하는 3인

과 대법원장이 지명하는 3인의 위원으로 구성한다. 위원장은 위원중에서 호선한다.

③ 위원의 임기는 6년으로 한다.

④ 위원은 정당에 가입하거나 정치에 관여할 수 없다.

⑤ 위원은 탄핵 또는 금고 이상의 형의 선고에 의하지 아니하고는 파면되지 아니한다.

⑥ 중앙선거관리위원회는 법령의 범위안에서 선거관리·국민투표관리 또는 정당사무에 관한 규칙을 제정할 수 있으며, 법률에 저촉되지 아니하는 범위안에서 내부규율에 관한 규칙을 제정할 수 있다.

⑦ 각급 선거관리위원회의 조직·직무범위 기타 필요한 사항은 법률로 정한다.

제115조 [선거사무와 국민투표사무에 관한 지시]

① 각급 선거관리위원회는 선거인명부의 작성등 선거사무와 국민투표사무에 관하여 관계 행정기관에 필요한 지시를 할 수 있다.

② 제1항의 지시를 받은 당해 행정기관은 이에 응하여야 한다.

제116조 [선거운동과 선거경비]

① 선거운동은 각급 선거관리위원회의 관리하에 법률이 정하는 범위안에서 하되, 균등한 기회가 보장되어야 한다.

② 선거에 관한 경비는 법률이 정하는 경우를 제외하고는 정당 또는 후보자에게 부담시킬 수 없다.

제8장 지방자치

제117조 [자치권, 지방자치단체의 종류]

① 지방자치단체는 주민의 복리에 관한 사무를 처리하고 재산을 관리하며, 법령의 범위안에서 자치에 관한 규정을 제정할 수 있다.

② 지방자치단체의 종류는 법률로 정한다.

제118조 [지방의회, 지방자치단체의 조직과 운영]
① 지방자치단체에 의회를 둔다.
② 지방의회의 조직·권한·의원선거와 지방자치단체의 장의 선임방법 기타 지방자치단체의 조직과 운영에 관한 사항은 법률로 정한다.

제9장 경제

제119조 [경제질서의 기본, 경제의 규제·조정]
① 대한민국의 경제질서는 개인과 기업의 경제상의 자유와 창의를 존중함을 기본으로 한다.
② 국가는 균형있는 국민경제의 성장 및 안정과 적정한 소득의 분배를 유지하고, 시장의 지배와 경제력의 남용을 방지하며, 경제주체간의 조화를 통한 경제의 민주화를 위하여 경제에 관한 규제와 조정을 할 수 있다.

제120조 [천연자원의 채취·개발 및 이용, 국토의 균형발전을 위한 계획 수립]
① 광물 기타 중요한 지하자원·수산자원·수력과 경제상 이용할 수 있는 자연력은 법률이 정하는 바에 의하여 일정한 기간 그 채취·개발 또는 이용을 특허할 수 있다.
② 국토와 자원은 국가의 보호를 받으며, 국가는 그 균형있는 개발과 이용을 위하여 필요한 계획을 수립한다.

제121조 [농지소유의 제한, 소작제도 금지]
① 국가는 농지에 관하여 경자유전의 원칙이 달성될 수 있도록 노력하여야 하며, 농지의 소작제도는 금지된다.
② 농업생산성의 제고와 농지의 합리적인 이용을 위하거나 불가피한 사정으로 발생하는 농지의 임대차와 위탁경영은 법률이 정하는 바에 의하여 인정된다.

제122조 [국토의 이용·개발·보전을 위한 제한과 의무]
국가는 국민 모두의 생산 및 생활의 기반이 되는 국토의 효율적이고 균형있는 이용·개발과 보전을 위하여 법률이 정하는 바에 의하여 그에 관한 필요한 제한과 의무를 과할 수 있다.

제123조 [농·어촌 종합개발, 지역경제 육성, 중소기업 보호, 농수산물 가격안정, 농·어민과 중소기업의 자조조직 육성]

① 국가는 농업 및 어업을 보호·육성하기 위하여 농·어촌종합개발과 그 지원등 필요한 계획을 수립·시행하여야 한다.

② 국가는 지역간의 균형있는 발전을 위하여 지역경제를 육성할 의무를 진다.

③ 국가는 중소기업을 보호·육성하여야 한다.

④ 국가는 농수산물의 수급균형과 유통구조의 개선에 노력하여 가격안정을 도모함으로써 농·어민의 이익을 보호한다.

⑤ 국가는 농·어민과 중소기업의 자조조직을 육성하여야 하며, 그 자율적 활동과 발전을 보장한다.

제124조 [소비자보호운동 보장]

국가는 건전한 소비행위를 계도하고 생산품의 품질향상을 촉구하기 위한 소비자보호운동을 법률이 정하는 바에 의하여 보장한다.

제125조 [대외무역의 육성 및 규제·조정]

국가는 대외무역을 육성하며, 이를 규제·조정할 수 있다.

제126조 [사기업의 국·공유화 금지]

국방상 또는 국민경제상 긴절한 필요로 인하여 법률이 정하는 경우를 제외하고는, 사영기업을 국유 또는 공유로 이전하거나 그 경영을 통제 또는 관리할 수 없다.

제127조 [과학기술의 혁신과 국가표준제도의 확립]

① 국가는 과학기술의 혁신과 정보 및 인력의 개발을 통하여 국민경제의 발전에 노력하여야 한다.

② 국가는 국가표준제도를 확립한다.

③ 대통령은 제1항의 목적을 달성하기 위하여 필요한 자문기구를 둘 수 있다.

제10장 헌법개정

제128조 [헌법개정안의 발의, 대통령 임기에 관한 헌법개정의 효력]
① 헌법개정은 국회재적의원 과반수 또는 대통령의 발의로 제안된다.
② 대통령의 임기연장 또는 중임변경을 위한 헌법개정은 그 헌법개정 제안 당시의 대통령에 대하여는 효력이 없다.

제129조 [헌법개정안의 공고]
제안된 헌법개정안은 대통령이 20일 이상의 기간 이를 공고하여야 한다.

제130조 [헌법개정안의 국회의결과 국민투표]
① 국회는 헌법개정안이 공고된 날로부터 60일 이내에 의결하여야 하며, 국회의 의결은 재적의원 3분의 2 이상의 찬성을 얻어야 한다.
② 헌법개정안은 국회가 의결한 후 30일 이내에 국민투표에 붙여 국회의원선거권자 과반수의 투표와 투표자 과반수의 찬성을 얻어야 한다.
③ 헌법개정안이 제2항의 찬성을 얻은 때에는 헌법개정은 확정되며, 대통령은 즉시 이를 공포하여야 한다.

부칙

제1조
이 헌법은 1988년 2월 25일부터 시행한다. 다만, 이 헌법을 시행하기 위하여 필요한 법률의 제정·개정과 이 헌법에 의한 대통령 및 국회의원의 선거 기타 이 헌법시행에 관한 준비는 이 헌법시행 전에 할 수 있다.

제2조
① 이 헌법에 의한 최초의 대통령선거는 이 헌법시행일 40일 전까지 실시한다.
② 이 헌법에 의한 최초의 대통령의 임기는 이 헌법시행일로부터 개시한다.

제3조

① 이 헌법에 의한 최초의 국회의원선거는 이 헌법공포일로부터 6월 이내에 실시하며, 이 헌법에 의하여 선출된 최초의 국회의원의 임기는 국회의원선거후 이 헌법에 의한 국회의 최초의 집회일로부터 개시한다.

② 이 헌법공포 당시의 국회의원의 임기는 제1항에 의한 국회의 최초의 집회일 전일까지로 한다.

제4조

① 이 헌법시행 당시의 공무원과 정부가 임명한 기업체의 임원은 이 헌법에 의하여 임명된 것으로 본다. 다만, 이 헌법에 의하여 선임방법이나 임명권자가 변경된 공무원과 대법원장 및 감사원장은 이 헌법에 의하여 후임자가 선임될 때까지 그 직무를 행하며, 이 경우 전임자인 공무원의 임기는 후임자가 선임되는 전일까지로 한다.

② 이 헌법시행 당시의 대법원장과 대법원판사가 아닌 법관은 제1항 단서의 규정에 불구하고 이 헌법에 의하여 임명된 것으로 본다.

③ 이 헌법중 공무원의 임기 또는 중임제한에 관한 규정은 이 헌법에 의하여 그 공무원이 최초로 선출 또는 임명된 때로부터 적용한다.

제5조

이 헌법시행 당시의 법령과 조약은 이 헌법에 위배되지 아니하는 한 그 효력을 지속한다.

제6조

이 헌법시행 당시에 이 헌법에 의하여 새로 설치될 기관의 권한에 속하는 직무를 행하고 있는 기관은 이 헌법에 의하여 새로운 기관이 설치될 때까지 존속하며 그 직무를 행한다.

법치주의 (法治主義)

법 앞에
법률로써
법률에서
법률에 의하여
법률로 정한다
법률이 정하는 자에게는
법률이 정하는 바에 의하여
법률에 의하지 아니하고는

-헌법에 쓰인 법치주의 표현-

권력분립 (權力分立)

……우리 헌법은 권력분립원칙의 내용으로 권력의 형식적 분할뿐 아니라 국가기관 사이의 '상호 협력적 견제관계'를 예정하고 있다. 특정 권력의 일방적인 우위를 배제하고 각 권력기관의 본질적인 기능을 조화롭게 유지하면서 국민의 기본권을 보장하는 것이 권력분립원칙이 추구하는 이상인 점을 고려하면, 국가기관 사이에 권한과 기능의 분할뿐 아니라 그 비중에 있어서도 상호 균형이 유지되어야 하고, 어떠한 국가기관도 헌법에 근거하지 않고 다른 국가기관에 대하여 일방적 우위를 가지거나, 헌법과 법률에 근거하여 다른 국가기관에 귀속된 기능의 핵심적 영역을 침해해서는 안 된다는 권력분립원칙에 따른 헌법적 기준과 한계가 도출된다……

[헌법재판소 2021. 1. 28 자 2020헌마264, 681 결정]

04

[사진 : 임병택, 제주의 여름 하늘]

헌법 전문 (원문)

유구한 역사와 전통에 빛나는 우리 대한국민은 3·1운동으로 건립된 대한민국 임시정부의 법통과 불의에 항거한 4·19민주이념을 계승하고, 조국의 민주개혁과 평화적 통일의 사명에 입각하여 정의·인도와 동포애로써 민족의 단결을 공고히 하고, 모든 사회적 폐습과 불의를 타파하며, 자율과 조화를 바탕으로 자유민주적 기본질서를 더욱 확고히 하여 정치·경제·사회·문화의 모든 영역에 있어서 각인의 기회를 균등히 하고, 능력을 최고도로 발휘하게 하며, 자유와 권리에 따르는 책임과 의무를 완수하게 하여, 안으로는 국민생활의 균등한 향상을 기하고 밖으로는 항구적인 세계평화와 인류공영에 이바지함으로써 우리들과 우리들의 자손의 안전과 자유와 행복을 영원히 확보할 것을 다짐하면서 1948년 7월 12일에 제정되고 8차에 걸쳐 개정된 헌법을 이제 국회의 의결을 거쳐 국민투표에 의하여 개정한다.

쉽게 쓴 전문

우리나라 대한민국은 오랜 역사와 전통이 있는 나라입니다.
이 나라에 살아가는 우리 국민들은 1919년 나라를 잃은 슬픔에도 3·1운동을 통해 자주 독립을 외쳤고, 나라를 다시 되찾기 위해 이웃나라 중국 땅에 대한민국 임시정부를 세워 용감하게 독립운동을 펼쳤습니다.
그 빛나는 불굴의 정신을 그대로 이어받아 마침내 1945년 독립을 이뤄냈습니다.

\# 1960년에는 독재정권에 반대하는 국민들이
4월 19일 위대한 저항을 했고 마침내 독재정권을 무너트렸습니다.
이러한 뜻을 그대로 이어받은 우리 대한민국 국민은 민주주의를 더욱 튼튼하게 만들어 갈 것이며 평화적 통일을 이뤄낼 것입니다.
또한 정의와 인도주의와 동포를 사랑하는 마음으로 하나의 민족이라는 뜻을 잊지 않을 것이랍니다.

\# 행복한 나라를 위해 나쁜 문화와 생각을 물리쳐 나갈 것이며,
스스로 결정하고 화합하고 더불어 살아가는 마음을 바탕으로
자유롭고 민주적인 기본질서를 더욱 확실히 할 것입니다.
그래서 정치와 경제와 사회와 문화 등 모든 면에서 사람들의
기회를 공정하고 평등하게 드릴 것입니다.

또한 모두의 능력을 최고로 펼칠 수 있도록 할 것이며
자유와 권리도 보장할 것입니다.
국민으로서 책임과 의무도 다할 것이랍니다.

\# 이런 마음을 바탕으로 모두가 더불어 잘사는 나라는 만들어 갈 것이며,
세계적으로도 영원한 평화와 인류의 화합과 공동 번영에
도움이 되도록 노력할 것입니다.
이러한 모든 노력들이 우리와 우리 이웃과 우리 자손들의
안전과 자유와 행복을 영원히 확보할 것이라 굳게 믿습니다.

\# 이런 뜻을 담은 헌법을 1948년 7월 12일에 처음 만들었습니다.
그 이후로 시대상황에 맞도록 8번 고쳐왔고
1987년 다시 한 번 국회의 의결을 거쳐
모든 국민들이 참여한 국민투표로 새로운 헌법을 만들었습니다.

헌법

총강

1조
~
9조

대한민국

제1조 ① 대한민국은 민주공화국이다.

우리나라 대한민국은
민주주의를 지키는
국민 모두가 주인인 나라입니다

우리나라 대한민국은
국민의 뜻을 모아
국민이 함께 만들어 가는 나라입니다

민주적으로 함께!
모두를 위한 나라입니다

우리 헌법은 '민주공화국'으로 시작합니다.

'민주공화국'은 민주주의와 공화국이라는 두 단어를 합친 말입니다.

'민주'는 '백성 민(民)'에 '주인 주(主)', '국민이 주인'이라는 뜻이고, '공화국'은 '모두 공(共)'에 '화합할 화(和)', 왕이 없는 나라, 몇몇 사람이 권력을 가지고 국가를 다스리는 것이 아닌 국민이 함께 의견을 모아 나라를 운영해 간다는 것을 의미합니다.

왕이나 독재자가 없는 국민 모두가 주인이라는 '민주주의'로 함께 만든 나라, 국민의 뜻으로 함께 다스리는 나라입니다. 이런 나라를 '민주공화국'이라 합니다.

다시 말해 '민주공화국'은 국민이 주인 된 권력을 행사하고, 모든 국민이 서로 화합하여 국민의 뜻에 따라 운영되는 나라입니다. 민주주의와 국민주권을 실천하여 인간 존엄, 자유, 평등, 정의를 이루어냅니다.

민주공화국 대한민국은 역사 속에서 값진 희생으로 이루어낸 결과입니다.

1919년 3·1운동 이후 만들어진 대한민국 임시정부의 임시헌장에 '대한민국은 민주공화제로 한다'고 처음 밝힙니다. 광복 이후 세워진 주권국가 대한민국 제헌헌법에서도 '대한민국은 민주공화국이다'를 제1조에 명확히 선언합니다. 이처럼 민주공화국 대한민국의 역사는 100여년이 넘도록 이어져 옵니다.

1919년 3·1운동, 1960년 4·19 민주혁명, 1979년 부마항쟁, 1980년 5·18 민주화운동, 1987년 6월 민주항쟁, 그리고 2017년 촛불시민혁명으로 이어지는 이 모든 역사가 바로 더 좋은 민주공화국을 만들기 위함입니다.

민주공화국 대한민국은
'민주주의를 지키는 국민 모두가 주인인 나라'입니다.

주권 – 주인 된 권리

제1조 ② 대한민국의 주권은 국민에게 있고,
　　　　 모든 권력은 국민으로부터 나온다.

우리나라 대한민국의 '주인 된 권리'는
국민에게 있습니다

또한 모든 권력은
국민에게서 나옵니다

대한민국의 최고의 힘은
국민에게 있습니다

이 나라의 주인은 바로 국민이고
이 나라는 국민을 위한 나라입니다

'주권'의 사전적 의미는 "국가의 의사를 최종적으로 결정하는 권력"입니다. 나라가 무엇을 하고자 할 때 결정을 내리는 힘이니 '주인 된 권리'이기도 합니다.

헌법은 대한민국의 주권이 국민에게 있고 모든 권력은 국민으로부터 나온다고 말합니다.

'국민주권'이라 표현되는 이 중심 정신은, 민주주의 국가 우리나라를 만든 기본 된 정신입니다. 역사적으로는 1919년 대한민국 임시정부 헌법부터 선언되었습니다. 오늘 날의 헌법도 제1조에서 민주공화국과 더불어 가장 먼저 말하고 있습니다.

헌법에는 '권력'이라는 단어가 딱 한번 등장합니다.
대통령 국회 등 헌법기관이 가지는 힘은 '권력'이 아닌 '권한'입니다. 권력을 가진 국민이 부여한 권한을 수행하는 것입니다. 이처럼 헌법은 최고의 힘, 권력이 국민에게 있음을 명확히 선언합니다.

헌법 전문에서도 말하고 있습니다.
"유구한 역사와 전통에 빛나는 우리 대한국민은······
헌법을 이제 국회의 의결을 거쳐 국민투표에 의하여 개정한다."

국민이 국가 존재의 목적입니다. 헌법제정과 개정의 주인도 국민입니다. 국민이 헌법을 만들고 고치는 주인이기에 헌법에 규정된 헌법기관도 당연히 국민을 위해 일하는 도구이자 수단인 것입니다.

민주공화국 대한민국은
'민주주의를 지키는 국민 모두가 주인인 나라'입니다.

국민

제2조 ① 대한민국의 국민이 되는 요건은 법률로 정한다.
② 국가는 법률이 정하는 바에 의하여 재외국민을 보호할 의무를 진다.

우리나라 대한민국의
국민이 되는 조건은
법률로 정합니다

외국인도 귀화를 통해 대한민국 국민이 될 수 있습니다

국가는
다른 나라에 살고 있는
대한민국 국민도 보호해야 합니다

'동포(同胞)'란 '같은 탯줄'이라는 뜻 입니다
재외국민과 외국국적 동포를 합쳐 '재외동포'라 말합니다
이들을 위해 '재외동포법'이 존재 합니다

국민을 지키고 보호하는 것은
국가의 당연한 책무입니다

국가를 구성하는 3요소를 국민, 주권, 영토라 합니다. 이중 국민이 되기 위해 필요한 조건은 「국적법」에서 자세하게 규정하고 있습니다.

한 나라의 국민이 되는 사격을 국석이라고 하는데, 나라마다 국적을 주는 방식은 다릅니다. 우리나라는 '속인주의'를 원칙으로 합니다. 부모의 국적에 따라 태어나는 아이의 국적을 결정하는 것입니다. 즉, 부모 중 한사람이라도 대한민국 국민이면 그 자녀도 자동으로 대한민국 국민이 됩니다.

예외적으로, '속지주의'도 허락합니다. 국가의 영토 안에서 태어난 사람에 대해 부모의 국적과 상관없이 태어난 나라의 국적을 주는 것입니다. 이러한 예외에 해당하는 경우는 부모의 국적이 모두 분명하지 않거나, 기아 등의 사유로 출생이 불분명한 채 발견된 경우입니다(「국적법」 제2조).

또한, 외국인이더라도 '귀화'라는 국가가 정한 일정한 시험을 치르고 법무부장관의 허가를 받으면 국적을 취득할 수 있습니다. 세계화시대에 매년 1만 명 정도의 외국인이 귀화절차를 통해 대한민국 국민이 되고 있습니다.

※ 귀화자 수 : 2017년 10,086명, 2018년 11,556명, 2019년 9,914명, 2020년 13,885명, 2021년 10,893명(법무부, 출입국 · 외국인정책본부통계연보)

국가는 우리나라 국민이 다른 나라에 살고 있더라도 보호해야 하는 의무가 있습니다. 외국에서 우리나라 국민이 어려운 상황에 처하면 국가가 나서서 도와줍니다. 군대와 군인이 있는 것도, 외국에 대사관이 있는 것도, 이런 이유 때문입니다. 재외국민과 외국국적 동포를 합쳐 재외동포라 말하며, 이들의 권익을 위해 「재외동포의 출입국과 법적 지위에 관한 법률」을 만들어 보호하고 있습니다.

주권자인 국민을 지키고 보호하는 것은 국가의 당연한 책무입니다.

우리나라 대한민국 영토

제3조 ① 대한민국의 영토는 한반도와 그 부속도서로 한다.

우리나라 대한민국의 영토는
삼면이 바다로 둘러싸인 한반도와
이에 딸린 섬들 모두를 말합니다

백두에서 한라까지
동해의 독도도! 서해의 백령도도!
남해의 제주도와 이어도까지도!

우리나라는
삼천리 금수강산이라 불리는
아름다운 한반도입니다

한 나라의 주권과 통치권이 미치는 곳을 '영역(領域)'이라 말합니다. 국민들이 살아가는 땅(영토)과 바다(영해)와 하늘(영공)을 의미합니다.

영토는 한반도와 그에 딸린 모든 섬들을 다 포함합니다.
영해는 해안선으로부터 12해리(약 22Km)를 기준으로 합니다.
영공은 영토와 영해 위에 있는 지배 가능한 하늘(대기권)로 봅니다.
동해의 독도, 서해의 백령도, 남해의 제주도와 이어도까지도 대한민국의 영역입니다.

헌법은 한반도 전체를 대한민국 영토라 말하지만 현실은 남과 북으로 분단되어 있습니다. 한반도 북쪽에는 대한민국의 통치권이 미치지 않습니다. 따라서 헌법 3조에 의하면 한반도 북쪽에 있는 북한 정권은 합법적인 정부가 아닙니다. 한반도 북쪽은 언젠가 되찾아야 할 우리의 영토입니다.

그러나 헌법 4조에 평화적 통일이라는 원칙을 밝히고 있습니다. 이 정신에 따라 북한 정권과의 대화와 협력을 해 나가고 있습니다. 1991년 남북기본합의서와 「남북교류협력에 관한 법률」, 「남북관계 발전에 관한 법률」 등이 이를 뒷받침 합니다.

헌법재판소도 통일로 나아가기 위한 과정에서 북한 정권의 특수성을 인정합니다. 대화와 협력의 동반자이자 반국가단체라는 이중적 지위를 가지고 있다는 것입니다.

2018년 평창 동계올림픽에서는 남과 북 여자아이스하키 선수들이 한 팀이 되어 경기를 치렀습니다.
그때 사용한 선수단의 깃발이 백두산과 한라산, 울릉도와 독도도 함께 그려진 '한반도'기입니다.

평화의 길은 멀고도 힘듭니다. 그러나 헌법이 명하는 대로 한반도의 온전한 모습으로 평화로운 공존과 협력 그리고 마침내 하나 된 통일을 위해 노력해야 할 것입니다.

통일

제4조 대한민국은 통일을 지향하며, 자유민주적 기본질서에 입각한 평화적 통일 정책을 수립하고 이를 추진한다.

대한민국은
뜻을 모아 통일로 나아가는 나라입니다

자유롭고 민주적인 방법으로
평화로운 통일을 이루기 위해
노력해야 합니다

통일의 전제조건은 평화입니다
평화 없이는 그 무엇도 의미를 가지지 못합니다
평화가 먼저입니다

평화롭게 살아가고 어우러져 소통하고 협력해야 합니다
헌법이 추구하는 평화적 통일정책이 그래서 중요합니다

분단 70년이 넘은 오늘날 우리 민족에게
'평화로운 통일'은
대한민국 헌법의 목표이자 우리의 영원한 소원입니다

헌법에는 통일을 말하는 부분이 많습니다.

헌법 전문에서는 '조국의 평화적 통일의 사명'을 밝힙니다.
헌법 4조에서는 '대한민국은 통일을 지향하고, 자유민주적 기본질서를 바탕으로 한 평화적 통일 정책을 만들고 실천해야 한다'고 말합니다.

대통령의 의무로서의 통일도 여러 조문에 걸쳐 표현됩니다.

대통령은 '조국의 평화적 통일을 위한 성실한 의무'를 가지며(66조),
대통령은 취임할 때, '조국의 평화적 통일'을 위해 노력한다는 선서를 합니다(69조).
대통령은 통일 등의 중요정책을 국민투표에 붙일 수 있다고도 정했습니다(72조).
평화통일정책을 만들기 위해 '민주평화통일자문회의'라는 대통령 자문기구도 운영합니다(92조).

또한 헌법 4조에서 말하는 평화적 통일정책은 '자유민주적 기본질서'에 따라야 한다고 말하고 있습니다. 자유민주는 자유주의와 민주주의를 합쳐 놓은 말입니다. 자유민주적 기본질서가 구체적으로 무엇을 의미하는지 헌법재판소의 정의는 다음과 같습니다.

"자유민주적 기본질서라 함은, 모든 폭력적 지배와 자의적 지배 즉 반국가단체의 일인독재 내지 일당독재를 배제하고 다수의 의사에 의한 국민의 자치, 자유·평등의 기본원칙에 의한 법치주의적 통치질서를 말한다. 구체적으로는 기본적 인권의 존중, 권력분립, 의회제도, 복수정당제도, 선거제도, 사유재산과 시장경제를 골간으로 한 경제 질서 및 사법권의 독립 등을 의미한다"[1990.4.2. 89헌가113]

이처럼 통일에 대한 헌법의 여러 규정들은 '평화국가'라는 대 원칙 아래, 자유민주적 기본질서에 따른 평화적 통일을 위해 함께 노력해 나가야 함을 굳게 다짐합니다.

세계의 평화

제5조 ① 대한민국은 국제평화의 유지에 노력하고 침략적 전쟁을 부인한다.
② 국군은 국가의 안전보장과 국토방위의 신성한 의무를 수행함을 사명으로 하며, 그 정치적 중립성은 준수된다.

전쟁과 분쟁이 없는 평화의 지구
갈등과 반목이 없는 평화의 한반도
인류의 꿈이자 민족의 염원입니다

유엔 세계인권선언과 유엔 헌장이 밝히는 대로
우리의 헌법도 세계평화와 한반도평화를 약속합니다
인간의 존엄을 위해서이며 인류의 행복을 위해서입니다

세계평화를 위해 우리나라는 침략 전쟁을 하지 않습니다
그러나 국가의 안전보장과 국토방위를 위해서는
강한 군대와 국군이 필요합니다

평화가 통일의 시작이듯
통일은 한반도 공동번영의 시작입니다

우리 헌법은 머리말(전문)에 '평화적 통일의 사명'과 '항구적인 세계평화와 인류공영'을 선언합니다. 4조에서는 평화적인 통일 정책의 추진을 약속하고 5조에서는 국제평화를 말하고 있습니다.

다른 나라를 침략하는 전쟁을 해서는 안 된다는 점도 분명히 밝히고 있습니다. 헌법을 통해 국민들에게 선언하고, 세계에 선언한 것입니다. 세계의 평화와 인류공영 그리고 평화로운 통일은 국민과 국가에 주어진 사명과도 같은 것입니다. 유엔 헌장의 정신에 따라 〈평화유지군〉을 해외에 파병하는 것도, 유엔의 결의에 따라 핵무기·생화학 무기 등 '대량 살상무기'를 강력히 반대하고 규제하는 것도 이와 같은 이유입니다.

평화는 인간으로서의 존엄을 보호하는 기본이 됩니다. 인간으로서의 존엄과 자유와 행복, 안전 등은 전쟁과 세계의 다툼으로 크게 훼손됩니다. 조약을 맺는 것도 국제법규를 존중하는 것도 평화를 위해서입니다. 생명의 존엄함을 지키기 위함이며 세계시민으로서 함께 더불어 잘사는 대한민국이 되기 위해서입니다.

헌법은 세계를 향해 평화를 주장하는 대한민국을 알리고 있습니다. 평화를 지키고 조화롭게 살아가려는 우리의 의지와 노력을 통해 우리들과 우리들의 자손은 더욱 안전하고, 자유롭고, 행복할 것입니다.

헌법은 국군의 사명에 대해서도 말합니다. 국가의 안전을 보장하고, 국토를 지키는데 신성한 의무를 수행합니다. 급변하는 국제정세 속 한반도의 평화를 위해서 대한민국 군대와 군인은 더욱 강해야 합니다. 명실상부한 '자주국방'이어야 합니다.

또한 정치적으로는 더욱 독립되고 중립을 지켜야 합니다. 과거 군사정권의 독재를 경험한 우리나라 역사입니다. 수많은 희생을 치렀습니다. 헌법이 명한대로 국군의 정치적 중립성은 더욱 준엄히 지켜져야 합니다.

세계의 약속

제6조 ① 헌법에 의하여 체결·공포된 조약과 일반적으로 승인된 국제법규는 국내법과 같은 효력을 가진다.
② 외국인은 국제법과 조약이 정하는 바에 의하여 그 지위가 보장된다.

헌법에 따라 맺은 약속과
세계 나라들 사이에 맺은 약속은
법과 같은 힘을 가집니다

대한민국에 살고 있는 외국인은
세계 나라들 사이에서 정한 약속에 따라
보호받습니다

세계 모든 사람이 평화롭게 살고
함께 잘 살기 위해
서로 약속하고
그 약속을 지키며 살아갑니다

〈조약〉은 둘 이상의 국가 또는 국제기관 사이에 공적인 문서로서 맺는 약속입니다. '한미무역협정'과 '한·미간 상호방위조약' 등 조약으로 된 약속은 국가 간 서로의 권리와 의무에 대해 정한 것으로, 법적인 효력을 가집니다. 〈국제법규〉는 국제관습법과 유엔 헌장이나 포로에 관한 제네바협정과 같은 세계 대부분의 나라가 인정하고 동의한 약속을 말합니다.

조약과 국제법규 중에서도 국내법과 같은 효력을 가지고 있는 것도 있고 신사협정과 공동성명처럼 법적 효력이 없는 것도 있습니다. 국가간 상호주의 원칙에 따라 또는 헌법재판소의 판례에 따라 각 사안별로 다르게 해석됩니다.

국내법과 같은 효력을 갖는 조약을 최종적으로 확인하고 체결하는 사람은 대통령입니다. 그러나 조약 중에서 '상호원조 또는 안전보장에 관한 조약, 중요한 국제조직에 관한 조약, 주권의 제약에 관한 조약' 등 국민의 권리와 자유에 큰 영향을 미치는 조약은 국회의 동의를 받아야 합니다(60조).

외국인의 경우, 국제법과 조약에 따라 보호한다고 말하고 있습니다. 인간으로서의 존엄과 가치, 행복추구권 등의 국가를 초월하는 기본권은 외국인에게도 당연히 인정되지만, 선거권(참정권)과 사회권 등에 있어서는 제한이 있기도 합니다.

외교적 '상호주의'도 중요한 원칙입니다. 상대의 나라가 우리나라와 우리 국민을 어떻게 대하느냐에 따라 우리나라도 그 나라와 그 나라 국민을 같이 대우합니다.

공무원

제7조 ① 공무원은 국민전체에 대한 봉사자이며, 국민에 대하여 책임을 진다.
② 공무원의 신분과 정치적 중립성은 법률이 정하는 바에 의하여 보장된다.

공무원은
국민 전체에 대한 봉사자로서
국가와 국민을 위해 일하는 사람입니다

공공의 이익을 위해 일하고
국민에 대하여
책임과 의무를 다해야 합니다

공무원은 취임할 때
다음과 같이 선서합니다

"나는 대한민국 공무원으로서
헌법과 법령을 준수하고
국가를 수호하며
국민에 대한 봉사자로서의 임무를
성실히 수행할 것을 엄숙히 선서합니다"

- 「국가공무원법」 제55조, 「국가공무원 복무규정」 제2조 -

공무원의 사전적 의미는 "국가 또는 지방자치단체의 사무를 맡아보는 사람"입니다.

중앙정부에 해당하는 국무총리실, 기획재정부, 보건복지부, 고용노동부 등에서 일을 하기도 하고, 지방정부에 해당하는 도청, 시청·군청·구청 등에서 일을 하기도 합니다. 국회의원, 법관, 검사, 경찰, 군인 등도 공무원입니다.

우리가 만나는 대부분의 공무원은 일반직 공무원이고, 투표로 뽑힌 대통령·도지사·시장·구청장과 국회의원·지방의회의원 등은 선출직 공무원입니다.

이와 같이 국민에 의해 직접 선출되거나 임용되어 국가 또는 지방자치단체의 업무를 수행하는 사람이 공무원입니다.

공무원을 공복(公僕)이라 부르기도 하는데, 국민의 심부름꾼이라는 뜻을 가지고 있습니다. 즉, 국민이 맡긴 일을 성실히 수행하는 국민의 봉사자로서 국민을 위해 공익을 위해 일합니다.

특별히 선거에 의해 선출되지 않는 일반직 공무원에 대해서는 헌법과 법률이 그 정치적 중립성과 신분을 확실히 보호합니다. 즉 정치권력의 부당한 지시로부터 영향을 받지 않기 위해 직업공무원제를 통해 신분과 임기를 보장합니다.

또한 국민 전체에 대한 봉사자라는 공직의 소명을 실천해야 하기에, 일반직 공무원은 더욱 확고한 정치적 중립성이 요구됩니다. 따라서 정당가입이나 선거운동 등의 정치적 활동은 엄격히 금지됩니다.

정당

제8조 ① 정당의 설립은 자유이며, 복수정당제는 보장된다.
② 정당은 그 목적·조직과 활동이 민주적이어야 하며, 국민의 정치적 의사형성에 참여하는데 필요한 조직을 가져야 한다.
③ 정당은 법률이 정하는 바에 의하여 국가의 보호를 받으며, 국가는 법률이 정하는 바에 의하여 정당운영에 필요한 자금을 보조할 수 있다.
④ 정당의 목적이나 활동이 민주적 기본질서 에 위배될 때에는 정부는 헌법재판소에 그 해산을 제소할 수 있고, 정당은 헌법재판소의 심판에 의하여 해산된다.

민주주의 가치를 실현하고
국가의 자원과 재화를
국민 모두에게 공정하게 나누는 것이 정치입니다

정치활동을 위해
뜻이 같은 사람들이 함께 모여
정당을 만듭니다

국민의 대표자를 훈련하고 키워내는 곳입니다
국민의 뜻을 국가 정책에 반영되도록 전달하는 통로입니다
국민과 국가의 연결 도구입니다

민주주의 국가의 정당은
민주적 기본질서를 존중하며
자유롭게 활동하고 평등하게 참여하여
국민의 이익을 위해 활동합니다

「정당법」 제2조는 정당을 이렇게 정의하고 있습니다.

"국민의 이익을 위하여 책임 있는 정치적 주장이나 정책을 추진하고 공직선거의 후보자를 추천 또는 지지함으로써 국민의 정치적 의사형성에 참여함을 목적으로 하는 국민의 자발적 조직"(「정당법」 제2조).

우리나라는 헌법을 통해 정당의 설립과 활동을 더 적극적으로 보호하고 있습니다. 정당이 다양한 국민의 정치적 의견이 국가의 정책과 제도에 반영될 수 있도록 이어주는 통로의 역할을 하기 때문입니다.

정치는 우리 삶에 직접적인 영향을 주는 정말 중요한 일입니다. 정당에서 만든 정책이 국민에게 선택받은 정당의 대표들에 의해 실현됩니다. 그러기에 정책을 연구하고 수립하는 정당의 역할은 갈수록 중요해집니다. 정당 간의 합리적인 정책경쟁은, 국가발전과 국민행복을 위한 더 좋은 정책을 만들어 내는 동기가 됩니다.

참고로 각 나라마다 정당에 가입할 수 있는 당원의 나이를 다르게 정하고 있습니다.

영국의 보수당은 정당가입 나이 제한이 없고, 노동당은 14세부터 정당 가입이 가능합니다. 스위스의 사회민주당도 나이 제한이 없고, 국민당은 16세부터 정당 가입이 가능합니다. 오스트리아, 벨기에는 어느 정당이든 각각 16세부터 정당 가입과 활동이 가능합니다(중앙선거관리위원회 선거연수원, 2021).

우리나라도 2022년 1월 「정당법」 개정을 통해, 만 16세부터 정당에 가입할 수 있게 되었습니다. 다만, 조건이 있습니다. 만 18세 미만의 청소년이 정당에 가입하기 위해서는 반드시 법정 대리인의 동의를 받아야 합니다.

더불어 「공직선거법」을 개정해 국회의원선거와 지방선거에 나갈 수 있는 나이를 만 25세에서 만 18세로 낮추었습니다. '정당가입은 16세, 선거출마는 18세.' 우리나라도 다른 민주주의 국가와 같이 청소년과 청년의 정치활동의 자유를 더 보장한 의미 있는 변화라 생각됩니다.

문화

제9조 ① 국가는 전통문화의 계승·발전과 민족문화의 창달에 노력하여야 한다.

우리나라 대한민국은
아름다운 문화를 가진 나라입니다

국가는
우리의 자랑스러운 전통문화를
이어나가고 발전시켜야 합니다

우리 민족의 문화를 잘 지키며
널리 알리도록 노력해야 합니다

김구 선생님도
모두의 행복을 위해
높은 문화의 힘을 가진 아름다운 나라 대한민국
문화국가 대한민국을 꿈꾸셨습니다

〈김구- 내가 원하는 우리나라〉

나는 우리나라가 세계에서 가장 아름다운 나라가 되기를 원한다
오직 한없이 가지고 싶은 것은 높은 문화의 힘이다
문화의 힘은 우리 자신을 행복하게 하고
나아가서 남에게 행복을 주기 때문이다

우리나라는 5천년이 넘는 오랜 역사 속에서 전통과 문화를 이어오고 있습니다. 우리나라만의 말과 글인 한국어와 한글이 있고, 한복, 국악 등의 전통문화가 있습니다.
세계적으로 사랑받고 있는 K-팝(대중음악)도 우리나라의 자랑스러운 문화입니다.

오늘날에는 한국의 문화가 KOREA(코리아)의 K를 붙여 K-드라마, K-푸드(음식) 등 K-컬쳐(문화)라는 이름으로 널리 알려지고 있습니다.

이처럼 문화는 다양합니다. 예술, 학문, 문학, 교육, 음식, 언어, 의복 등 사람들이 어울려 살아가면서 물질적, 정신적으로 이루어내는 모든 것들이 문화가 됩니다.

헌법에 따라 국가는 문화를 널리 알릴 의무가 있습니다. 우리나라 역사 속에서 전해 내려오는 고유한 문화를 이어나가는 것뿐만 아니라 발전시키기 위해 노력해야 합니다. 국민 모두가 쉽게 문화를 접하고, 차별 없이 문화를 즐겨야 하며, 문화와 관련된 일도 자유롭게 할 수 있어야 합니다.

대통령도 취임할 때에 "민족문화의 창달에 노력"할 것을 약속합니다.
문화가 자유롭게 표현되고 전해질 수 있도록 노력하는 것, 문화국가 대한민국을 만들기 위해 노력하는 것을 대통령의 임무 중 하나로 여기고 있습니다.

이처럼 우리나라 헌법은 문화를 지원하고 보호하는 문화국가를 말하고 있습니다.

경제 상황 등에 따라 문화의 불평등을 겪지 않고, 다양한 문화를 차별 없이 즐길 수 있도록 지원합니다. 「문화기본법」, 「문화다양성의 보호와 증진에 관한 법률」 등을 만들어 정책으로 뒷받침합니다. 시대 상황에 맞는 문화의 발전, 문화의 자유로운 발전이 이루어지는 환경도 만듭니다. 일방적인 간섭이 아닌 적극적인 보호와 지원을 통해 문화를 만들고, 알리고, 누리게 하여 개인의 삶을 보다 행복하고 아름답게 합니다.

즉, '문화'를 통해 '인간다운 생활을 할 권리'를 보장하는 것입니다.

문화의 힘이 세계 속의 대한민국을 더 빛나게 합니다.
문화의 힘이 세계 속의 대한민국 국민을 더욱 행복하게 합니다.

헌법

10조 ~ 39조

국민의
권리와 의무

인간으로서의 존엄과 가치, 그리고 인권

제10조 모든 국민은 **인간으로서의 존엄과 가치**를 가지며, 행복을 추구할 권리를 가진다. 국가는 개인이 가지는 불가침의 기본적 인권을 확인하고 이를 보장할 의무를 진다.

우리 모두는
사람으로서의 존엄과 가치를 가집니다
행복을 추구하고 누릴 권리가 있습니다

국가는
사람이 가지는
누구도 해칠 수 없는 기본 인권을
소중히 여겨야 합니다
그리고 지켜줘야 할 의무도 있습니다

사람이기에 가지는 당연한 권리입니다

헌법이 선언합니다!
사람으로서의 존엄과 가치 그리고 인권을 지켜야 한다고
헌법과 국가가 존재하는 가장 중심된 이유입니다

헌법은 우리 모두가,
"사람으로서의 존엄과 가치를 가진다"고 말합니다.
"행복할 권리가 있다"고 말합니다.
"국가는 사람이기에 갖는 권리를 제대로 알고 보호해야 한다"고 말합니다.

너무나 중요한 선언이며, 위대한 정신을 담은 훌륭한 문장입니다.

이 글에 적힌 인간존엄과 인권이라는 가치를 얻기 위해 인류는 수 천년동안 수많은 희생을 감수하며 숭고한 노력을 해 왔습니다.

인권은 사람이라면 누구나 당연히 가지는 기본적인 권리입니다.
태어나면서부터 자연적으로 주어지는 권리이기에 '천부인권'이라고도 합니다. 다른 사람이 함부로 빼앗을 수 없고, 해칠 수 없습니다. 성별, 인종, 국적 등이 달라도 똑같이 보호받습니다.

사람으로서의 존엄과 가치를 존중하고 인권을 보호하는 것, 헌법의 핵심정신입니다.

그러나 오늘 날에도 여전히 해야 할 일이 많습니다.
지구촌 곳곳에서 또는 우리 사회에서도 인종에 대한 차별, 여성에 대한 차별, 장애인에 대한 차별, 이주배경 주민에 대한 차별, 소수자와 약자에 대한 차별이 존재합니다. 똑같은 사람임에도 불구하고 누군가의 존엄과 인권은 계속적으로 위협받고 있습니다.

인권을 보호하기 위한 법과 제도들을 더욱 튼실히 해야 합니다. 인권을 지키기 위한 시민사회의 이해와 연대도 더욱 절실합니다. 무엇보다 헌법의 명령을 받드는 국가의 역할은 더욱 중요합니다.

사람은 태어날 때부터 소중한 존재이며 존엄하다는 믿음을 지키는 것!
헌법과 국가가 존재하는 가장 중심된 이유입니다.

행복추구권

제10조 모든 국민은 인간으로서의 존엄과 가치를 가지며, **행복을 추구할 권리**를 가진다. 국가는 개인이 가지는 불가침의 기본적 인권을 확인하고 이를 보장할 의무를 진다.

사람은 누구나
행복하길 원합니다

존엄한 가치를 가진 우리 모두는
행복을 추구하고
행복을 누릴 권리가 있습니다

헌법은 그리고 국가는
우리의 행복을 위해 존재합니다
행복을 추구하는 국민을 돕고 지켜줍니다

당연하고도 소중한
우리의 행복할 권리!

'행복'이란 무엇일까요?
국어사전에는 "충분한 만족과 기쁨을 느끼어 흐뭇한 상태"라고 말하고 있습니다.
행복은 개인마다 느끼는 감정과 기준이 다를 수 있지만 '만족하고 기쁜 마음'을 말하는 듯합니다.

국가가 국민 모두를 행복하게 하는 것은 가능하지 않습니다. 또한 개인이 '행복하게 해 달라'며 국가를 상대로 적극적인 요구를 할 수 있는 권리로까지 인정받지는 않습니다.

하지만, 헌법에서 행복추구권을 말하고 있는 것은
개인이 행복하기 위해 노력하는 것들, 행복을 이루기 위해 구하는 권리를
국가가 도와주고, 보호해주라는 뜻입니다.

행복에 대한 국가의 약속은 1776년 미국의 버지니아 권리장전(Virginia Bill of Right)에 처음으로 표현되었습니다.

"모든 사람은 태어날 때부터 자유롭고 독립적으로 천부의 권리를 가진다. 이런 권리는 인민이 사회를 조직할 때 어떠한 계약으로도 박탈할 수 없는 것이다. 그것은 재산을 얻어 소유하고 행복과 안녕을 추구하여 획득하는 수단을 비롯하여 생명과 자유를 향유할 권리다."

우리나라 헌법에 '행복'이라는 단어가 처음 등장한 시기는 1980년 제8차 개헌 때입니다. '행복'도 국가가 보장해야 할 국민의 권리로 적극 표현된 것입니다.

오늘날에도 행복하기 위해 보호받아야 할 권리들이 더 많습니다.
자유롭게 행동하고, 개인의 취향대로 개성을 자유롭게 표현하고, 개인의 삶을 스스로 결정할 수 있는 권리들입니다.

헌법재판소는 다양한 해석과 판례를 통해 조금 더 구체적인 행복추구권의 모습을 인정합니다.
마시고 싶은 물을 자유롭게 선택(1998.12.24. 98헌가1)하거나, 인간다운 생활공간에서 살 권리(1994.12.29. 94헌마201)나, 하기 싫은 일을 강요당하지 않을 권리(1997.3.27. 96헌가11) 등이 헌법이 보호하는 행복추구권에서 나온 권리들이라 말하고 있습니다.

우리들의 행복할 권리를 지켜주는 헌법입니다.

평등

제11조 ① 모든 국민은 법 앞에 평등하다. 누구든지 성별·종교 또는 사회적 신분에 의하여 정치적·경제적·사회적·문화적 생활의 모든 영역에 있어서 차별을 받지 아니한다.
② 사회적 특수계급의 제도는 인정되지 아니하며, 어떠한 형태로도 이를 창설할 수 없다.
③ 훈장 등의 영전은 이를 받은 자에게만 효력이 있고, 어떠한 특권도 이에 따르지 아니한다.

모든 국민은 법 앞에 평등합니다

누구든지
여성이든 남성이든, 어떤 종교를 믿든
사회적 신분이 달라도 각자의 모습과 환경이 달라도

정치, 경제, 사회, 문화 생활의 모든 분야에서
차별을 받지 않습니다

모든 분야에서!
그 어떠한 차별도 받아서는 안됩니다

다만,
몸이 약하거나 나라를 위해 희생한 분 등
누군가에게는 더 큰 배려가 필요합니다

같은 것은 같게 대하고
다른 것은 다르게 대하는 것!

'의미 있는 배려'가 '진짜 평등'입니다

땅에서 빠르게 달릴 수 있는 토끼와 바다에서 헤엄치는 거북이가 달리기 경주를 합니다.
경기장은 육지입니다. 당연히 토끼가 빠르겠지요. 그러나 토끼는 달리기 실력만 믿고 게으름을 피우다 결국 부지런히 노력한 거북이에게 집니다.

헌법이 말하는 '평등한 세상'에서는 이야기가 달라집니다.
토끼와 거북이는 서로가 사는 곳이 다르고 달리는 조건이 다릅니다.
공정한 경쟁을 위해서는 토끼는 땅에서 달리게 하고, 거북이는 바다에서 헤엄치게 해야 합니다.
이러한 공정한 조건을 만들어 주는 것이 바로 헌법이 말하는 평등이고, 차별하지 않는다는 뜻입니다.

사람으로서의 존엄과 가치를 가지기에 모두가 평등한 것입니다.
행복해지기 위해 서로 존중해야 하고 차별 없이 평등한 대우를 받아야 합니다.

그렇다고 모든 것을 무조건 똑같이 대해야 하는 것은 아닙니다.
몸이 약하거나 나라를 위해 희생한 분 등 특수한 상황의 누군가에게는 더 큰 배려가 필요합니다.
같은 것은 같게 대하고 다른 것은 다르게 대해주는 것!
의미 있는 배려, 실질적 평등이 진짜 평등입니다.

헌법에서는 11조가 핵심적인 평등 조항입니다. 그리고 다른 여러 조문에서도 평등의 가치를 구체적으로 규정하고 있습니다. 교육의 기회를 고르게 하고(31조), 여성의 노동이 차별받지 않고(32조), 혼인과 가족생활에서도 남자와 여자의 평등이 기초(36조)라 말합니다.

우리는 모두가 법 앞에 평등합니다.
누구든, 어디에서든, 어떤 모습으로든, 차별받지 않습니다.

자유 1 - 신체의 자유

제12조 ① 모든 국민은 신체의 자유를 가진다. 누구든지 법률에 의하지 아니하고는 체포·구속·압수·수색 또는 심문을 받지 아니하며, 법률과 적법한 절차에 의하지 아니하고는 처벌·보안처분 또는 강제노역을 받지 아니한다.
② 모든 국민은 고문을 받지 아니하며, 형사상 자기에게 불리한 진술을 강요당하지 아니한다.
③ 체포·구속·압수 또는 수색을 할 때에는 적법한 절차에 따라 검사의 신청에 의하여 법관이 발부한 영장을 제시하여야 한다. 다만, 현행범인인 경우와 장기 3년 이상의 형에 해당하는 죄를 범하고 도피 또는 증거인멸의 염려가 있을 때에는 사후에 영장을 청구할 수 있다.
④ 누구든지 체포 또는 구속을 당한 때에는 즉시 변호인의 조력을 받을 권리를 가진다. 다만, 형사피고인이 스스로 변호인을 구할 수 없을 때에는 법률이 정하는 바에 의하여 국가가 변호인을 붙인다.
⑤ 누구든지 체포 또는 구속의 이유와 변호인의 조력을 받을 권리가 있음을 고지받지 아니하고는 체포 또는 구속을 당하지 아니한다. 체포 또는 구속을 당한 자의 가족등 법률이 정하는 자에게는 그 이유와 일시·장소가 지체없이 통지되어야 한다.
⑥ 누구든지 체포 또는 구속을 당한 때에는 적부의 심사를 법원에 청구할 권리를 가진다.
⑦ 피고인의 자백이 고문·폭행·협박·구속의 부당한 장기화 또는 기망 기타의 방법에 의하여 자의로 진술된 것이 아니라고 인정될 때 또는 정식재판에 있어서 피고인의 자백이 그에게 불리한 유일한 증거일 때에는 이를 유죄의 증거로 삼거나 이를 이유로 처벌할 수 없다.

우리의 몸은 소중합니다
누구도 함부로 대할 수 없습니다

법으로 정해지지 않았다면
그리고 법에 따른 정당한 절차가 아니라면
국가도 그 누구도
우리의 몸을 강제로 억압하거나
우리의 자유로운 몸짓과 행동을 막을 수 없습니다

헌법이 보호하는
신체의 안전과 자유입니다

옛날에는 왕이나 임금의 말 한마디면, 백성들을 잡아 가둘 수 있었습니다. 강제로 고문을 하여 몸과 정신을 고통스럽게 할 수 있었습니다. 민주화 이전의 현대 사회에서도 국가권력에 의한 부당한 체포나 불법 감금, 고문 등으로 개인의 신체의 자유가 훼손되고 인권이 침해되는 일도 많았습니다.

자유를 향한 인류의 투쟁과 헌신의 역사를 기억합니다. 신체의 자유는 정신의 자유와 한 몸입니다. 인간의 존엄이기도 하고 행복의 시작이기도 합니다.

1215년 영국의 마그나카르타(제39조 자유인은 동등한 사람들의 적법한 판결에 의하거나 법의 정당한 절차에 의하지 아니하고는 체포 구금되지 아니하며)부터 시작되어 우리나라 헌법 뿐 만 아니라, 세계 대부분 국가의 헌법에서 신체의 자유를 선언하고 있습니다.

헌법재판소는 신체의 자유에 대해 이렇게 말합니다.
"신체의 자유는 신체의 안정성이 외부로부터의 물리적인 힘이나 정신적인 위험으로부터 침해당하지 않을 자유와 신체활동을 임의적이고 자율적으로 할 수 있는 자유"이자(헌재 1992.12.24.92헌가8), "정신적 자유와 더불어 헌법이념의 핵심인 인간의 존엄과 가치를 구현하기 위한 가장 기본적인 자유로서 모든 기본권 보장의 전제조건이다."(헌재 1992.4.14.90헌마82)

신체의 자유는 특히, 국가권력의 수사 상황에서 침해받기 쉽습니다. 우리 헌법에서도 더욱 엄격하게 규정하고 있습니다. 범죄를 수사하고 심판하여 형벌을 집행하기 위한 절차와 관련된 「형사소송법」이 존재하는 이유이기도 합니다.

헌법은 법률과 적법한 절차에 따르지 않고는 처벌, 보안처분 또는 강제노역을 받지 않는다고 말합니다. 고문을 받지 않을 권리, 진술을 거부할 권리, 변호인의 도움을 받을 권리, 체포 또는 구속의 이유를 알 권리 등도 구체적으로 말하고 있습니다.

신체의 안전과 자유는 오늘날에도 여전히 중요한 가치이자 모든 권리의 시작입니다.

자유 2 – 사생활의 자유

제16조 모든 국민은 주거의 자유를 침해받지 아니한다. 주거에 대한 압수나 수색을 할 때에는 검사의 신청에 의하여 법관이 발부한 영장을 제시하여야 한다.
제17조 모든 국민은 사생활의 비밀과 자유를 침해받지 아니한다.
제18조 모든 국민은 통신의 비밀을 침해받지 아니한다.

모든 국민은 주거의 자유를 침해받지 않습니다

국가권력이라 할지라도
법관이 발부한 영장 등의 적법한 절차가 아니라면
개인 생활공간을 함부로 침범할 수 없습니다

나만의 비밀, 나만의 자유로운 생활은 보호됩니다
누구도 방해할 수 없습니다

전화하고 문자를 보내는 것
메일을 보내고 편지를 쓰는 것도
개인의 비밀로 적극 보호되어야 합니다

나만의 개인적인 삶을 존중하고 보호하는 것

헌법이 약속하는 사생활의 자유입니다

#주거의 자유 #사생활의 자유 #통신의 비밀

국민은 사생활의 자유를 누릴 권리가 있습니다.
국가는 사생활의 자유를 지켜야 하고 또한 지켜주기 위해 노력해야 합니다.

사생활의 자유는 한 사람의 몸이나 행동과 그 주변, 일이나 형편, 인격 등에 관한 것으로, 평안한 상태를 침해받지 않을 권리입니다.

주거의 자유도 사생활의 자유입니다.
개인의 공간적인 사생활 영역을 주거라 합니다.
살고 있는 집도 있지만, 학교, 회사 등 개인이 생활하는 모든 장소가 포함됩니다.

개인의 허락 없이 주거에 들어가거나 수색하는 것은 안 됩니다.
법에 합당한 이유가 없이 주거에 침입하는 것은 형법상 주거침입죄에 해당될 수 있습니다.

주거의 자유를 제한하는 경우는 국가의 안전보장·질서유지·공공복리 등을 위해 필요할 때 법률로 제한합니다. 불이 나서 주거에 진입해야 하거나 (「소방기본법」), 감염병 환자 등에 대한 조사나 진찰 (「감염병의 예방 및 관리에 관한 법률」) 등을 위해서만 개인의 공간인 주거에 들어갈 수 있습니다.

개인의 생활은 다른 사람에 의해서 강제로 공개당하지 않습니다.
TV, 신문, 인터넷 등에 개인적인 사항에 관한 사실, 사진 등을 함부로 공개하면 안 됩니다.
개인에 대한 허위사실이나 과장되거나 왜곡된 사실을 알리는 것도 안 됩니다.

통신의 자유도 사생활의 자유입니다.
우편, 전화 등 사람 사이에 자유로운 대화와 소통이 이루어지도록 사생활을 보호합니다. 당연히 몰래 보고, 몰래 듣는 감시와 도청은 안 됩니다.

사생활의 자유와 인격을 보호하기 위한 것입니다.

자유 3 – 양심, 종교 그리고 학문·예술의 자유

제19조 모든 국민은 양심의 자유를 가진다.
제20조 ① 모든 국민은 종교의 자유를 가진다.
        ② 국교는 인정되지 아니하며, 종교와 정치는 분리된다.
제22조 ① 모든 국민은 학문과 예술의 자유를 가진다.
        ② 저작자·발명가·과학기술자와 예술가의 권리는 법률로써 보호한다.

모든 국민은 가치관, 신념에 따라
행동할 수 있는 양심의 자유가 있습니다

신앙과 종교도 자유롭게 선택할 수 있습니다
신앙과 종교를 갖든지 갖지 않든지
모두가 자유입니다

마음 먹은대로 공부하고 연구하고 가르치는 자유
문학, 미술, 음악, 무용 등 다양한 방식으로
생각과 감정, 아름다움을 표현하는 자유도 있습니다

이러한 정신의 자유를
국가는 보호해야 합니다

양심이란!
"양심은 어떤 일의 옳고 그름을 판단할 때 그렇게 행동하지 않고서는 자신의 인격적 존재가치가 허물어지고 말 것이라는 강력하고 진지한 마음의 소리로서 절박하고 구체적인 것"
〈헌법재판소 판례 / 1997.7.27. 96헌가11〉

스스로 옳은 것 옳지 않은 것을 판단하는 도덕적인 생각과 마음을 양심이라 합니다. 모든 국민은 가치관, 신념에 따라 행동할 수 있는 양심의 자유가 있습니다.

개인의 의견과 생각 등을 자유롭게 형성하고, 이에 따라 행동하고 생활합니다. 개인의 사상을 외부에 강제로 표현하거나, 개인의 사상에 반대되는 행동을 강요당하지 않을 자유까지도 보호됩니다.

'십자가 밟기'로 상징되는 자신만의 신념을 고백하도록 강요당하지 않습니다. 양심적 병역거부에 대한 대체복무제를 규정하지 않는 「병역법」 조항은 양심의 자유를 침해한다는 헌법재판소의 판단도 있습니다.

국민은 종교의 자유도 보장받습니다.
신앙을 갖는 것, 종교를 갖는 것은 자유입니다. 신앙이나 종교를 갖지 않는 것도 자유이고, 어떠한 신앙이나 종교를 갖기를 강요당하지 않는 것도 자유입니다. 예배, 미사, 법회 등과 같이 종교 행사, 활동 등에 참여하는 것도 자유입니다.

국민은 학문의 자유도 보장받습니다.
공부하고 연구하는 활동은 독립적이고 자유로워야 합니다. 연구한 것을 발표하는 것도, 교육자가 가르치는 것도 모두 학문의 자유입니다. 헌법 31조 4항에서 대학의 자율성을 보장하는 것도 학문의 자유를 보호하는 것입니다.

국민은 예술의 자유도 보장받습니다.
문학, 미술, 음악, 무용 등 다양한 방식으로 개인의 감정, 가치, 아름다움 등을 표현할 수 있습니다. 예술은 문화를 만들어 내고 문화국가의 기초가 됩니다.

자유 4 – 표현의 자유

제21조 ① 모든 국민은 언론·출판의 자유와 집회·결사의 자유를 가진다.
② 언론·출판에 대한 허가나 검열과 집회·결사에 대한 허가는 인정되지 아니한다.
③ 통신·방송의 시설기준과 신문의 기능을 보장하기 위하여 필요한 사항은 법률로 정한다.
④ 언론·출판은 타인의 명예나 권리 또는 공중도덕이나 사회윤리를 침해하여서는 아니된다. 언론·출판이 타인의 명예나 권리를 침해한 때에는 피해자는 이에 대한 피해의 배상을 청구할 수 있다.

모든 국민은
개인이 가진 생각을 말이나 글로
자유롭게 표현할 수 있습니다

책이나 미술 작품을 만들어
나눠주거나 판매할 수도 있습니다

공통의 목적을 가지고
여러 사람이 모일 수 있고
공개적인 장소에서 의견을 표현할 수도 있습니다

공통의 목적을 이루기 위해
단체를 만들 수도 있습니다

다만, 자유롭게 표현하되
다른 사람의 명예와 권리를 존중해야 하고
공중도덕이나 사회윤리를 침해하면 안 됩니다

모든 국민은 '표현의 자유'라 불리는
언론·출판의 자유, 집회·결사의 자유를 가집니다.

언론·출판의 자유란
나의 생각, 감정, 경험, 지식 등을 자유롭게 발표하고,
책이나 미술작품, 사진, 음악, 영화 등의 다양한 형태로 전달하는 자유입니다.
언론·출판에 대하여 법적 근거 없이 사전에 제한하는 것은 인정되지 않습니다.

집회·결사의 자유란
같은 목적을 가진 사람들이 모여 의견을 표현하고,
같은 목적을 위하여 단체를 조직하는 자유입니다.

오늘 날의 표현의 자유는 단순히 말할 자유만을 의미하지 않습니다. 정보에 대한 알권리와(예: 「공공기관의 정보공개에 관한 법률」), 정보에 대한 접근권 (예: 「언론중재 및 피해구제 등에 관한 법률」)까지 포함합니다.

표현의 자유도 무제한적인 것은 아닙니다.
다른 사람의 명예와 권리를 훼손해서는 안 됩니다.
공중도덕이나 사회윤리를 침해해서도 안 됩니다.

특히, 요즘에는 온라인에서 다양한 형태의 자유로운 표현과 의사전달이 이루어지고 있습니다. 보다 자유로운 방식이기에 자칫 거짓 정보로 인한 인격권 침해가 빈번하게 발생합니다. '가짜 뉴스'는 개인의 명예를 해치는 것은 물론, 왜곡된 정보 전달로 민주주의의 가치를 훼손시킬 수 있습니다.

표현의 자유는
나를 위해, 다른 사람을 위해, 사회를 위해 올바르게 사용되어야 합니다.

자유 5 - 경제적인 자유

제14조 모든 국민은 거주·이전의 자유를 가진다.
제15조 모든 국민은 직업선택의 자유를 가진다.
제23조 ① 모든 국민의 재산권은 보장된다. 그 내용과 한계는 법률로 정한다.
② 재산권의 행사는 공공복리에 적합하도록 하여야 한다.
③ 공공필요에 의한 재산권의 수용·사용 또는 제한 및 그에 대한 보상은 법률로써 하되, 정당한 보상을 지급하여야 한다.

원하는 곳에 머물러 살 수 있는 자유가 있습니다
이동을 하는 것도, 이사를 가는 것도 자유입니다

직업을 선택하고 갖는 것도 우리의 자유입니다

내가 가진 재산은 보호받습니다
자유로운 사용과 보호가 원칙입니다
그러나, 마음껏 사용하고 무조건 보호받는 것은 아닙니다

헌법은
재산권 행사는 사회공동체 모두의 이익에 적합해야 한다 말합니다

공공필요에 의해서
개인의 재산권을 제한할 수도 있습니다
그럴 경우에는 반드시 법률이 정한대로 엄격히 해야 하며
정당한 보상을 지급해야 합니다

나의 자유만큼이나
내가 살고 있는 공동체의 이익도 중요합니다
더불어, 함께 살아가는 세상입니다

#거주·이전의 자유 #직업선택의 자유 #재산권

모든 국민은 국가의 간섭 없이 자유롭게 살 곳을 정할 수 있습니다.
자유롭게 이동을 할 수 있고, 이사도 할 수 있습니다.
외국에 사는 것도, 해외로 여행을 가는 것도 모두 자유입니다.
이 당연한 자유가 한반도 북쪽의 북한 정권과 분명히 다른 점입니다.

직업의 자유도 있습니다.
생활의 기초가 되는 돈을 벌기 위한 수단 중 하나로 직업 활동을 합니다.
직업을 통해 개인의 개성과 재능 및 능력을 기르고, 보람을 느끼기도 합니다.
직업을 통한 경제적 활동은 사회에도 기여하기에 가치가 있습니다.

직업을 선택할 자유가 있고, 자유롭게 직업에 종사할 수 있습니다.
직업을 갖지 않을 자유도 있습니다.

국가는 국민의 재산권을 보호합니다.
사유재산제는 계약자유의 원칙과 함께 개인의 자유를 중요시하는 근대 자본주의 국가의 기본 제도가 되었습니다.

개인이 가진 돈과 사물 등은 개인의 것으로 엄격히 보호됩니다.
자신의 재산을 자유롭게 쓸 수 있고, 수익, 처분할 수 있습니다.

다만, 우리 헌법은 개인의 재산권 행사도 공공의 이익에 맞게 사용해야 한다 말합니다. 헌법재판소도 재산권 행사의 '사회적 의무성'이라 규정합니다. 개인의 자유만 보장되었을 때 나타나는 재화의 쏠림과 경제적 불평등을 보완하기 위함입니다.

개인의 재산이 국민 다수의 이익을 위해 필요할 경우, 국가는 공동체의 이익을 위해 이를 수용하거나 사용하거나 제한할 수 있습니다. 그럴 때에는 반드시 법률이 정한대로 엄격해야 하며, 정당한 보상을 지급해야 합니다.

헌법이 보장하는 더불어 사는 경제적인 자유입니다.

선거권

제24조 모든 국민은 법률이 정하는 바에 의하여 선거권을 가진다.

모든 국민은
선거에 참여할 수 있습니다

헌법이나 법에서 정해 놓은 나이와 조건에 따라
투표할 권리가 있고
출마할 권리도 있습니다

국민투표를 통해 국가의 의사 결정에
참여할 수도 있습니다

나라의 주인 된 국민의
중요한 권리 행사이고
소중한 참여입니다

자유롭고! 평등하게!

선거에 참여하여 투표할 수 있는 권리를 '선거권'이라 합니다.
직접 선거의 후보자로 출마할 수 있는 권리는 '피선거권'이라 합니다.

헌법에는 대통령과 국회의원을 뽑을 때
보통·평등·직접·비밀 선거를 실시한다고 되어 있습니다.
선거의 기본 원칙입니다.

재산·성별·교육정도 등 어떤 것에도 차별 없이
투표할 나이가 되면 누구나 선거에 참여할 수 있고(보통선거),
한 사람이 한 표를 행사할 수 있으며, 1인 1표의 가치는 같습니다(평등선거).
다른 사람이 대신 할 수 없습니다. 직접 대표자를 뽑고(직접선거),
누구를 뽑았는지 다른 사람이 투표의 내용을 알 수 없습니다(비밀선거).
선거는 자유롭게 이루어집니다. 투표를 하든 안하든, 누구를 뽑든 선거인의
자유입니다.

선거와 관련된 자세한 내용은 「공직선거법」에서 정하고 있습니다.

투표를 할 수 있는 권리는 만 18세 이상 대한민국 국민에게 주어집니다. 우리 나라에서는 1948년 정부수립과 함께 21세 이상의 모든 국민에게 선거권이 주어졌으며 1960년에 20세, 2005년에 19세, 2020년에 18세로 투표할 수 있는 나이가 낮아졌습니다.

선거의 후보자로 출마할 수 있는 나이도 2020년 「공직선거법」 개정을 통해 만 18세로 낮춰졌습니다. 국회의원도 시장도 이제 만 18세 이상이면 출마할 수 있고, 당선되어 공동체를 위해 일할 수 있게 되었습니다.

다만, 대통령선거에 출마할 수 있는 나이는 헌법 67조에 40세로 규정되어 있습니다. 이를 낮추려면 헌법을 개정해야 하므로 아직 바뀌지 않았습니다.

국민투표권도 중요한 권리입니다. 직접민주주의 국민투표를 통해 국가적 의사 결정에 참여할 수 있습니다. 헌법을 개정할 때(제130조제2항) 국민투표를 반드시 해야 하며, 외교·국방·통일 등에 대한 중요 정책을 결정할 때(제72조)도 국민투표를 할 수 있습니다.

선거권은 나라의 주인인 국민이 주권을 실천하는 중요한 기본적 권리로, 민주주의의 상징입니다.

공무담임권

제25조 모든 국민은 법률이 정하는 바에 의하여 공무담임권을 가진다.

모든 국민은 누구나
법률에서 정하는 대로

국가의 일, 공공의 일을
맡아볼 수 있는 권리가 있습니다

공직에 선출될 수 있고
공무원으로 임명될 수 있습니다

나라의 일에 참여하는
주권자로서의 권리입니다

※ 우리나라는 외국인도 공무원이 될 수 있습니다. 「국가공무원법」제26조의3과 「지방공무원법」제25조의2에 따라 한정된 분야에서 외국인도 공무원으로 임용되어 공무를 맡아볼 수 있습니다.

'공무담임권'이란,
국가기관이나 지방자치단체에서
나라의 일, 공공의 일을 맡아볼 수 있는 권리입니다.

헌법은 '모든 국민은 법률에서 정하는 대로 공무담임권이 있다'고 말하고 있습니다.
주권자로서 공무원이 되어 나라의 일을 살펴볼 수 있도록 보장하고 있는 것입니다.

선거에 출마하여 국회의원, 시장, 도의원 등이 될 수 있고,
법률에서 정하는 자격을 갖추거나, 시험을 보고 공무원이 될 수도 있습니다.

선거에 출마할 수 있는 자격은 헌법과 법률에서 정하고 있습니다.

대한민국의 국민이어야 하며,
대통령선거에는 만 40세 이상(헌법 제67조),
국회의원, 도지사, 시장·군수, 시·도의원 등을 뽑는 선거에는
만 18세 이상(「공직선거법」 제16조)이 되어야 선거의 입후보자가 될 수 있습니다.

미국은 35세 이상, 프랑스는 18세 이상이면 대통령 선거에 출마할 수 있고, 영국은 21세 이상, 독일, 스웨덴, 뉴질랜드, 호주 등은 18세 이상이면 의원에 출마할 수 있습니다(중앙선거관리위원회 선거연수원, 2020).

우리나라도 시대의 변화에 따라 각종 선거에 입후보 할 수 있는 나이 규정이 더 낮아져야 합니다. 폭 넓게 국민의 눈높이를 맞추는 것, 어려서부터 나라의 일에 관심을 갖고 참여하는 문화와 환경을 만드는 것도 민주주의의 발전을 위해 꼭 필요합니다.

요청할 수 있는 권리 - 청원권

제26조 ① 모든 국민은 법률이 정하는 바에 의하여 국가기관에 문서로 청원할 권리를 가진다.
② 국가는 청원에 대하여 심사할 의무를 진다.

주권자인 국민은
국가에 대한 의견이나 요구사항이 있을 때
문서로 국가기관에 말하고 요청할 수 있습니다

국가는
국민의 의견을 살펴보고
공정하고 신속하게 처리해야 합니다
그리고 그 결과를 꼭 알려줘야 합니다

헌법이 명하는
국민의 권리이고
국가의 의무입니다

참여하는 민주시민의 권리입니다

조선 시대에는 백성이 억울한 일을 당하면 '신문고'라는 북을 치며 하소연을 했습니다.
오늘날에는 헌법상 보장된 명확한 국민의 권리로서 '청원권'을 인정합니다.

'청원'이란 자신의 의견이나 희망사항, 불만이나 어려움 등을 국가기관에 문서로 이야기하고 개선을 요청하는 것입니다.

「청원법」 5조에서는 청원사항에 대해 구체적으로 정하고 있습니다. 피해를 받았을 때 도움을 요청하고, 공무원의 잘못된 행동에 대해 시정이나 징계를 요구하고, 법을 만들거나 고쳐달라고 요청하고, 공공의 제도 등에 대해 청원할 수 있다고 정하고 있습니다.

헌법에 따라 국가기관은 국민의 청원을 심사할 의무를 가집니다. 국가기관은 청원을 성실하고 공정하게 그리고 신속하게 조사하고 처리해야 합니다. 또한 그 결과를 청원인에게 알리도록 하고 있습니다 (「청원법」 제21조).

국민이 청원을 제출할 수 있는 국가기관에는 청와대, 국회, 법원, 헌법재판소, 지방정부와 그 소속기관 등 거의 모든 기관이 해당됩니다(「청원법」 제4조). 청원서에 성명, 주소를 적고 서명한 문서로 제출하며, 온라인 청원도 할 수 있습니다(「청원법」 제9조).

청원은 국민과 정부, 국민과 의회를 연결하는 통로입니다. 국민의 고충을 처리하고 권익을 보호할 수 있는 실질적인 헌법상의 권리입니다. 국민의 적극적인 청원은 정부 정책과 법·제도의 긍정적 변화를 이끌어 낼 수 있습니다.

※ *청원권은 외국인도 가지고 있는 권리입니다.*

교육을 받을 권리, 교육을 받게 할 의무

제31조 ① 모든 국민은 능력에 따라 균등하게 교육을 받을 권리를 가진다.
② 모든 국민은 그 보호하는 자녀에게 적어도 초등교육과 법률이 정하는 교육을 받게 할 의무를 진다.
③ 의무교육은 무상으로 한다.
④ 교육의 자주성·전문성·정치적 중립성 및 대학의 자율성은 법률이 정하는 바에 의하여 보장된다.
⑤ 국가는 평생교육을 진흥하여야 한다.
⑥ 학교교육 및 평생교육을 포함한 교육제도와 그 운영, 교육재정 및 교원의 지위에 관한 기본적인 사항은 법률로 정한다.

모든 국민은 교육을 받을 권리가 있습니다
능력에 따라 차별 없이 고르게 교육을 받을 권리입니다

성별, 종교, 경제적 능력, 사회적 신분 등
그 어느 것에도 차별받지 않습니다

부모님은 자녀에게 교육을 받게 할 의무도 있습니다
초등학교와 중학교까지는 학교에 꼭 보내야 합니다
교육의 기회를 평등하게 보장해주는 '의무교육'이기 때문입니다
그래서 국가는 의무교육을 무상으로 제공합니다

또한 국가는
국민이 태어나 평생 동안 교육받을 수 있도록 노력해야 합니다

의무교육과 학교교육 그리고 평생교육은
국민으로서 마땅히 누릴 권리이자, 지켜야 할 의무입니다

누구든지, 차별 없이 고르게!

우리 모두는 '능력에 따라 고르게 교육을 받을 수 있는 권리'가 있습니다.

헌법재판소는 '능력에 따라 교육받을 권리'에 대해 "정신적·육체적 능력에 맞춰 적절한 교육을 받을 권리"(93헌마192)라고 말하고 있습니다.

「교육기본법」 4조에서는 '교육의 기회균등'에 대해 '성별, 종교, 신념, 인종, 사회적 신분, 경제적 지위 또는 신체적 조건 등을 이유로 교육에서 차별을 받지 않고 평등하게 교육을 받을 수 있다'고 말합니다.

즉, 자신이 가진 재능에 따라 적절한 교육을 받을 권리도 중요하고, 차별받지 않고 평등한 교육을 받을 권리도 국가가 보장해 줘야 한다는 취지입니다.

국가와 지방정부는 이러한 헌법정신에 따라 교육격차 해소를 위해 노력해야 하고 특히 특수학교, 다문화학교, 학교 밖 청소년들을 위한 교육에 대해서도 더 적극적인 보호와 지원이 필요합니다.

부모님이나 친권자 등 보호자는 아동을 학교에 보내야 하는 의무를 가집니다.

초등학교와 중학교까지는 의무교육입니다. 의무교육에서는 수업료를 내지 않아도 무상으로 교육을 받을 수 있습니다. 급식도 교육의 일부이기에 돈을 내지 않습니다. 고등학교 전면 무상교육도 2021년부터 가능해졌습니다. 국민의 교육권을 고르게 보장하기 위해서입니다.

부모님은 자녀를 학교에 보내야 할 의무를 다하고, 국가와 지방정부는 의무교육과 더불어 교육시설의 정비와 교육환경 개선 등의 노력을 다합니다.

평생교육도 그렇습니다.
국민의 전 생애에 걸쳐 다양한 교육을 통해 개인의 발전과 성장을 도와야 합니다. 이를 뒷받침하기 위해 「평생교육법」이 존재합니다.

자신이 가진 능력을 발견하고 키워나가며,
차별 없이 고르게 교육을 받을 권리는,
개인의 성장과 사회의 발전을 위한 헌법의 약속입니다.

일할 권리, 일할 의무, 노동3권

제32조 ① 모든 국민은 근로의 권리를 가진다. 국가는 사회적·경제적 방법으로 근로자의 고용의 증진과 적정임금의 보장에 노력하여야 하며, 법률이 정하는 바에 의하여 최저임금제를 시행하여야 한다.
② 모든 국민은 근로의 의무를 진다. 국가는 근로의 의무의 내용과 조건을 민주주의원칙에 따라 법률로 정한다.
③ 근로조건의 기준은 인간의 존엄성을 보장하도록 법률로 정한다.
④ 여자의 근로는 특별한 보호를 받으며, 고용·임금 및 근로조건에 있어서 부당한 차별을 받지 아니한다.
⑤ 연소자의 근로는 특별한 보호를 받는다.
⑥ 국가유공자·상이군경 및 전몰군경의 유가족은 법률이 정하는 바에 의하여 우선적으로 근로의 기회를 부여받는다.

제33조 ① 근로자는 근로조건의 향상을 위하여 자주적인 단결권·단체교섭권 및 단체행동권을 가진다.
② 공무원인 근로자는 법률이 정하는 자에 한하여 단결권·단체교섭권 및 단체행동권을 가진다.
③ 법률이 정하는 주요방위산업체에 종사하는 근로자의 단체행동권은 법률이 정하는 바에 의하여 이를 제한하거나 인정하지 아니할 수 있다.

모든 국민은 일할 권리를 가집니다
일하는 것도 권리입니다

국가는 더 많은 일자리를 만들어야 하고
적정한 임금을 보장하기 위해 힘써야 하며
법으로 최저임금제를 정해
일하는 사람들의 땀의 가치를 지켜줘야 합니다

국민은 일할 의무도 가집니다
국가는 일하는 사람과 고용하는 사람이 동등한 관계가 되도록
법률을 통해 일할 의무의 내용과 조건을 민주적으로 정합니다

일하는 조건과 기준도 사람의 존엄을 보장해야 합니다
여자와 나이 어린 사람이 일을 할 때에는 더 특별한 보호를 받고
성별이 다르다고 차별받지 않습니다
국가를 위해 힘쓰다 희생한 분들은 먼저 일할 기회를 가집니다

일하는 사람들은 단결권, 단체교섭권, 단체행동권이 있습니다
여럿이 힘을 모아 단체를 만들어 고용한 사람과 협상할 수 있습니다
의논이 되지 않을 때에는 일하는 것을 거부할 수도 있습니다

좀 더 나은 조건에서 일할 수 있도록 해주는 권리
일하는 사람을 보호하는 권리, '노동3권'이라 합니다

우리는 일을 할 수 있는 권리가 있습니다.

일하는 사람들의 권리와 이를 보호하기 위한 국가의 역할이 중요합니다. 국가는 일할 의지와 능력이 있는 사람들을 위해 더 많은 일자리를 만들고, 일할 기회를 제공해야 합니다. 안정적인 고용이 유지될 수 있도록 지원하고, 직업 능력을 개발하도록 지원하는 등의 노력을 해야 합니다.

국가는,
적정임금이 보장되도록 노력해야 하며,
법률로 최저임금제를 정하고 반드시 시행해야 합니다.

우리 헌법은 32조와 119조에서도 "적정한 소득의 분배를 유지하고~"라고 밝히고 있고, 헌법 전문에는 "국민생활의 균등한 향상을 기한다"고 말하고 있습니다. 헌법의 명령대로 국가는 일하는 사람이 땀의 가치에 알맞은 대가를 받을 수 있게 하고, 안정적인 생활 유지에 도움이 될 수 있도록 노력해야 합니다.

'최저임금'은 매년 법률로 정해 발표하고 있으며, 여러 지방자치단체와 공공기관에서 시행하고 있는 '생활임금'은 '적정임금' 보장의 헌법 가치를 실천하고 있는 제도 중 하나로 볼 수 있습니다.

경기도 조례에 규정된 생활임금의 정의를 살펴보면, 헌법상 표현된 적정임금과 최저임금과의 관계를 잘 알 수 있습니다.

"생활임금이란 노동자가 가족을 부양할 수 있으며, 교육·문화 등 각 분야에서 인간으로서 존엄성을 유지하며 실질적인 생활을 할 수 있도록 최저임금 등을 고려한 임금을 말한다."
- 경기도 생활임금조례 제2조 -
2022년 국가 최저임금 시간급 9,160원

2022년 경기도 생활임금 시간급 11,141원

일하는 조건과 기준은 사람의 존엄이 보장되도록 법으로 지켜줘야 합니다.

「근로기준법」을 만들어 구체적으로 보호하고 있습니다. 고 전태일 열사가 일하는 사람의 근로조건을 개선하라고 목숨을 걸고 외쳤던 것은 열악한 노동 환경을 바꾸고 일하는 사람의 존엄을 보장받기 위해서였습니다. 「근로기준법」에서 1일 8시간, 1주일에 40시간을 일하도록 정하고 있는 것, 헌법상 규정된 적정임금을 위해 노력해야 하는 의무와 「최저임금법」에서 최저임금을 정하고 있는 것도 사람의 존엄과 행복을 위한 헌법의 약속이자 명령입니다.

여자의 근로는 특별히 보호받습니다. 성별에 따라 차별을 받아서도 안 됩니다.

'동일노동 동일임금 원칙'입니다. 남자와 여자 사이에 임금 차별이 없도록 동일한 가치의 노동에 동일한 임금을 주는 것입니다. 「남녀고용평등과 일·가정 양립 지원에 관한 법률」을 만들어 보호하고 있습니다.

나이 어린 사람의 근로도 특별히 보호받습니다.

헌법에 따른 「근로기준법」에서는 취업할 수 있는 최저나이를 15세로 정하고 있습니다. 15세 이상 18세 미만의 근로시간을 1일 7시간, 1주에 35시간을 넘지 않도록 하고 있습니다.

국가유공자, 상이군경 및 전몰군경의 유가족에게는 먼저 일할 수 있는 기회가 주어집니다.

국가를 위해 희생하고 공헌한 것에 대한 보상의 의미입니다. 「국가유공자 등 예우 및 지원에 관한 법률」, 「독립유공자예우에 관한 법률」에서 정하고 있습니다.

일하는 사람들에게는 '노동3권'이라 부르는 권리가 있습니다.

일하는 사람들끼리 힘을 모아 고용주와 대등한 관계에서 협상할 수 있도록 스스로 노동조합 등과 같은 단체를 만들 수 있는 권리인 '단결권'이 있습니다. 이 단결권을 바탕으로 만든 단체가 고용주와 스스로 의논하고 협상하는 권리인 '단체교섭권'이 있습니다. 일하는 사람과 고용주 사이에 임금, 일하는 시간, 복지 등 일하는 조건에 대해 논의하다가 의견이 일치하지 않을 때가 있습니다. 이로 인해 서로 다투게 될 때, 일하는 것을 거부해 정상적인 운영을 방해할 수 있는 권리, 파업 등과 같은 '단체행동권'도 있습니다.

이러한 헌법상 권리를 통해 일하는 사람의 존엄을 지키고,
일하는 조건을 유지하고, 나아가 더 나은 조건을 보장받습니다.

일하는 사람을 당당하고 행복하게 하는 '노동3권'입니다.

인간다운 생활

제34조 ① 모든 국민은 인간다운 생활을 할 권리를 가진다.
② 국가는 사회보장·사회복지의 증진에 노력할 의무를 진다.
③ 국가는 여자의 복지와 권익의 향상을 위하여 노력하여야 한다.
④ 국가는 노인과 청소년의 복지향상을 위한 정책을 실시할 의무를 진다.
⑤ 신체장애자 및 질병·노령 기타의 사유로 생활능력이 없는 국민은 법률이 정하는 바에 의하여 국가의 보호를 받는다.
⑥ 국가는 재해를 예방하고 그 위험으로부터 국민을 보호하기 위하여 노력하여야 한다.

우리 모두는
'사람다운 생활을 할 권리'를 가집니다

국가는
출산, 양육, 실업, 은퇴, 빈곤 등
사회적 위험으로부터 국민을 보호하고
더 나은 국민의 삶을 위해 노력해야 합니다

여성, 어르신, 청소년, 장애인의
행복과 이익을 위해 더 노력해야 하며
여러 이유로 생활에 어려움을 겪는 국민을 보호해야 합니다

국민은
사람답게 살 수 있는 보호와 도움을 받을 수 있습니다

사람다운 생활
바로 '복지'입니다

사람다운 생활을 보장하는
'복지국가 대한민국'입니다

모든 국민은 존엄한 사람으로서 '인간다운 생활을 할 권리'를 가집니다.
그리고 국가는 국민의 인간다운 생활을 도와야 하는 의무가 있습니다.
인간다운 생활을 할 권리는 '생존을 위한 권리' 또는 '사회적 기본권'이라고도 말합니다.

우리가 출산, 양육, 실업, 은퇴, 장애, 질병, 빈곤 등의 사회적 위험에 처했을 때 스스로 극복하기에는 어려움이 있습니다.
더욱이 요즘은 인구구조, 가족형태, 산업구조 등 다양한 사회변화가 일어나면서 저출산·고령화, 1인 가구, 독거노인, 청년실업, 돌봄 등 새로운 위험들도 등장했습니다.

그래서 국가의 역할은 더욱 중요해졌습니다.

국가는 사회보험, 공공부조, 사회서비스 형태의 사회보장제도를 통해 국민을 보호하고, 국민들이 더 나은 삶을 유지하고 살아갈 수 있도록 노력합니다.

헌법은 여성과 노인, 청소년, 장애인에 대한 보호와
생활능력이 없는 어려운 국민에 대한 국가의 보호 의무를 말하고 있습니다.
국가는 사회적 약자의 복지를 위해 더 노력하고,
국민을 더욱 적극적으로 보호해야 한다는 철학을 담은 것입니다.

인간다운 생활을 할 권리를 보장하기 위해 국가는 사회보장과 사회복지증진에 힘을 씁니다. 「사회보장기본법」, 「사회복지사업법」, 「국민기초생활보장법」, 「아동복지법」, 「청소년복지법」, 「노인복지법」 등 다양한 법들을 만들어 헌법의 명령을 실천하고 있습니다.

인간다운 생활을 할 권리와 이를 보장하기 위한 국가의 의무,
함께 살아가야 할 '복지국가 대한민국'이 지켜야 할 약속입니다.

안전한 나라

제34조 ⑥ 국가는 재해를 예방하고 그 위험으로부터 국민을 보호하기 위하여 노력하여야 한다.

국가는
태풍, 지진, 감염병 같은 재난과 위험으로부터
국민이 피해를 입지 않도록
미리 알맞은 조치를 해야 합니다

그리고
국민을 안전하게 보호하기 위해 힘써야 합니다

헌법이 명령하는
'국가 존재의 이유'입니다

국가는 국민의 안전을 책임지고, 안전한 나라를 만들기 위해 노력해야 합니다.

헌법은 전문에서부터 안전을 말하고 있습니다.
"우리들과 우리들의 자손의 안전과 사유와 행복을 영원히 확보할 것을 다짐"
합니다.

코로나19와 같은 감염병,
산불과 같은 화재,
태풍과 홍수, 가뭄, 지진 등의 자연재해,

이러한 위험으로부터,
모든 국민의 생명을 보호하고 안전을 확보하는 것!

바로 국가가 존재하는 이유입니다.

우리나라는 「재난 및 안전관리 기본법」, 「자연재해대책법」 등의 법률을 만들어 재난 및 재해로부터 국토를 보호하고, 국민의 생명, 신체의 안전을 지킵니다.

미세먼지도 재난입니다. 국가적인 적극적 감소 대책을 시행합니다.
환경변화에 따른 다양한 재난 예방 및 대응 관리도 필요합니다.

재난 및 재해를 예방하고, 그 피해를 최소화하는 것,
그리고 우리와 미래세대의 안전한 삶을 보장하는 것,
국가의 의무입니다.

세계의 여러 도시들도 같은 노력을 합니다.
"모든 사람은 건강하고 안전한 삶을 누릴 동등한 권리를 가진다"는 1989년 스웨덴 스톡홀름 선언을 바탕으로, 재해, 사고 등으로부터 안전한 도시를 만들기 위해 전 세계의 도시가 함께 노력합니다. 국제 기준을 정해 도시와 시민의 안전을 위해 계속 힘쓰겠다는 약속입니다.

국제안전도시 공인센터(ISCCC)로부터 국제안전도시로 인증을 받은 도시는 1989년 스웨덴의 Linkoping(린셰핑)을 시작으로, 우리나라 26개 도시를 포함한 전 세계 431개입니다(2021년 12월 기준).

안전할 권리! 안전해야 행복합니다.

환경권 그리고 환경보전의 의무

제35조 ① 모든 국민은 건강하고 쾌적한 환경에서 생활할 권리를 가지며, 국가와 국민은 환경보전을 위하여 노력하여야 한다.
② 환경권의 내용과 행사에 관하여는 법률로 정한다.
③ 국가는 주택개발정책 등을 통하여 모든 국민이 쾌적한 주거생활을 할 수 있도록 노력하여야 한다.

모든 국민은
건강하고 쾌적한 환경에서
생활할 권리를 가집니다

국가와 국민은 환경을 보호하고
유지하기 위해 함께 노력해야 합니다

국가는
주택 개발 정책 등을 만들어
모든 국민이 쾌적한 곳에서 살 수 있도록 도와야 합니다

깨끗한 자연환경과
쾌적한 생활환경에서
더불어 사는 것

나와 내 이웃
그리고
미래세대가 함께 누려야 할 권리입니다

환경을 지키는 것
우리 모두를 살리는
의무입니다

우리 모두는 건강하고 쾌적한 환경에서 생활할 권리가 있습니다.
바로 '환경권'이라 부릅니다.
국가와 국민은 환경을 보호하기 위해 함께 노력해야 합니다.
더 좋은 환경에서 살아갈 권리를 지키기 위한 모두의 의무입니다.

미세먼지로 인한 대기오염, 지구온난화로 인한 기후변화 등은 우리들의 삶의 모습을 바꾸고 있습니다. 환경은 생활의 기본이 되는 물, 공기, 토양과 관련된 것이기 때문에 환경위기는 우리들의 생명, 건강, 안전에 직접적인 영향을 끼칩니다. 더욱이 환경오염의 피해는 지금 당장의 나와 이웃 뿐 만 아니라, 미래세대의 생존에도 영향을 끼치기에 지속가능한 환경을 위한 노력이 중요합니다.

미세먼지를 줄이기 위해 노력하는 것, 쓰레기를 줄이기 위해 일회용품을 최대한 쓰지 않는 것, 재활용하는 것, 에어컨 사용을 줄이는 것 등 우리의 작은 실천들이 필요합니다.

국가의 노력도 중요합니다. 국가는 환경오염 및 환경파괴를 예방하며, 지속가능한 환경 관리 및 보호를 위해 「환경정책기본법」, 「물환경보전법」, 「대기환경보전법」 등 다양한 환경법을 만들었습니다.

또한, 전 지구적 기후위기에 대응하기 위한 세계의 연대와 공동 노력도 중요합니다. 유엔 기후협약과 2015년 파리협약 실천계획에 따른 탄소중립의 의무가 우리나라에도 있습니다. 지구온난화를 막고 2050년까지 탄소중립을 이루겠다는 대한민국의 의지가 담긴 대표적인 법률이 바로 「기후위기 대응을 위한 탄소중립·녹색성장 기본법」입니다.

헌법의 정신에 따라 제정된 여러 환경관련 법률이 국민의 건강하고 쾌적한 삶을 보장합니다.

또한, 쾌적한 주거생활을 위한 노력도 중요합니다. 헌법은 국가에게 주택정책을 만들어 국민이 살기 좋은 주거환경을 보장할 것을 말하고 있습니다. 한국토지주택공사와 같은 곳에서 토지를 개발하고, 주택을 공급하고, 주거복지 사업 등을 하는 것도 더 나은 생활환경을 보장하기 위한 국가의 노력입니다.

환경권을 보장하고, 환경 보전의 의무를 다하는 것,
지금의 우리와 미래의 우리를 지키기 위한 헌법의 지혜입니다.

존엄하고 평등한 가족

제36조 ① 혼인과 가족생활은 개인의 존엄과 양성의 평등을 기초로 성립되고 유지되어야 하며, 국가는 이를 보장한다.
② 국가는 모성의 보호를 위하여 노력하여야 한다.
③ 모든 국민은 보건에 관하여 국가의 보호를 받는다.

부부사이
부모와 자녀 사이
가족 사이에도
개인의 존엄이 중요하고
평등이 중요합니다

국가는
혼인과 가족생활이 존엄하고 평등하게
유지될 수 있도록 보호합니다
아이를 낳고 기를 수 있게 지원하여
미래세대를 보호하고
국민의 건강을 보호하여 생명을 지킵니다

부부의 권리, 가족의 권리를 말합니다.
부부가 함께 생활할 때, 가족생활에서도
인간의 존엄과 평등, 민주주의가 중요합니다.

부부가 되는 것,
가족생활을 해 나가는 것,
모두 개인과 가족이 자유롭게 결정할 권리가 있습니다.

모성이 있기에 가족이 존재할 수 있습니다.
아이를 낳고 키울 수 있게 지원하는 것은 미래세대에 대한 보호입니다.
가족 공동체를 위한 국가의 책임입니다.

요즘에는 1인 가구가 급격히 늘어나고 있습니다.
한부모 가정도, 조손가정도 소중한 가정입니다.
다양한 형태의 가족에 대한 더 촘촘한 지원이 계속되어야 합니다.

국민의 건강은 국가가 더욱 특별히 보호합니다.
생명을 지키는 일이기도 합니다.
국민건강보험을 통해 전 국민의 의료를 보장합니다.
코로나19와 같은 감염병의 예방, 확산방지 및 치료를 위해 국가적인 총력 대응을 합니다.

가족생활과 모성보호, 그리고 보건을 위한 국가의 노력은,
헌법의 약속입니다.

보건권 - 건강권

제36조 ③ 모든 국민은 보건에 관하여 국가의 보호를 받는다.

모든 국민은 건강을 잘 지킬 수 있도록
국가에 필요한 도움을 요청할 권리가 있습니다

국가는 국민의 건강과 생명을 보호하기 위해
다양한 정책들을 실천합니다
국가의 의무입니다

국민이 건강해야
국가도 건강합니다

'보건'의 사전적 의미는 건강을 잘 지키는 것,
질병을 예방 및 치료하여 건강과 생명을 보호하고 더 나아지게 하는 것입니다.
즉, 질병이 없는 상태로 정신과 육체를 더 튼튼하게 하는 것이 '보건'입니다.

국민도 건강을 유지하는 데 필요한 도움을 국가에 요청할 수 있는 권리가 있습니다.
건강을 보호해 달라고 국가에 요구할 수 있는 권리, '보건권(건강권)'이라고도 합니다.

국가는 국민의 보건을 지키기 위해 「보건의료기본법」, 「공공보건의료에 관한 법률」, 「지역보건법」 등 개별법들을 만들어서 다양한 정책들을 실천합니다.

공공의료원을 만들어 지역, 계층, 분야에 관계 없이 누구나 의료를 이용할 수 있게 하고, 보건소를 만들어 질병의 예방·관리를 통해 건강상태에 차이가 발생하지 않도록 노력합니다.
국민의 건강을 보호·증진시키기 위한, 국민의 보건권을 지키기 위한 국가의 책무입니다.

코로나19와 같은 감염병에 대한 대응도 국민 보건을 보호하기 위한 국가의 노력입니다.
선별진료소를 운영(2021.12.말 기준, 선별진료소 631개, 임시선별검사소 194개)하여 무료로 검사를 실시하고, 생활치료센터 등에서 치료를 지원하는 것 등은 발생규모와 심각성이 큰 감염병으로부터 국민의 보건을 보호하기 위한 국가의 적극적인 역할입니다.

국민들이 건강한 삶을 살 수 있도록 제도와 환경을 만드는 것,
보건권의 실현은 복지국가를 실천하는 일입니다.
국민이 건강해야 국가도 건강합니다.

헌법에 적혀있지 않더라도!

제37조 ① 국민의 자유와 권리는 헌법에 열거되지 아니한 이유로 경시되지 아니한다.
② 국민의 모든 자유와 권리는 국가안전보장·질서유지 또는 공공복리를 위하여 필요한 경우에 한하여 법률로써 제한할 수 있으며, 제한하는 경우에도 자유와 권리의 본질적인 내용을 침해할 수 없다.

사람으로서의 자유와 권리를
모두 헌법에 담을 수는 없습니다

헌법에 적혀 있지 않더라도
우리 모두의 자유와 권리는
결코 가볍게 여겨지지 않습니다

헌법에 적혀 있지 않더라도
사람이 태어날 때부터 가지고 있는 기본적인 권리는
빈틈없이 보호하고, 중요하게 보호합니다
마땅히 존중받아야 하는 권리입니다

우리의 자유와 권리도 소중하지만
국가의 안전과 질서
모두의 행복과 이익을 위해서
필요하면 법률로 제한할 수 있습니다

그러나,
제한을 하더라도
인간의 존엄과 자유와 권리가 가진 고유한 본바탕은
해칠 수 없습니다

헌법은 10조에서 36조까지 국민의 권리를 명시적으로 말하고 있습니다.

인간으로서의 존엄과 가치, 행복추구권, 평등권, 자유권, 재산권, 참정권, 재판에 관한 권리, 교육권, 노동권, 인간다운 생활, 환경권, 양성평등과 보건권 등이 그렇습니다.

하지만, 국민의 모든 권리를 이 몇몇 조문에 다 담을 수는 없습니다.
그래서 헌법 제37조는 다시 자유와 권리의 중요함에 대해 다음과 같이 밝히고 있습니다.

"국민의 자유와 권리는 헌법에 열거되지 아니한 이유로 경시되지 아니한다."

헌법에 적혀 있지 않더라도, 사람이 태어날 때부터 가지는 기본적인 권리는 결코 가볍게 여겨져서는 안 된다고 다시 한 번 강조하고 있습니다.

모든 국민이 인간으로서의 존엄과 가치를 가진다는 것, 행복을 추구할 권리를 가진다는 것, 헌법 조문으로 성문화하지 않았어도 가볍게 여겨서는 안 된다는 것, 나아가 국가는 개인이 가지는 침범할 수 없는 기본적 인권을 확인하고 보장할 의무까지 진다는 것입니다. 국민의 자유와 권리의 소중함을 분명히 알게 되는 중요한 조문이며 헌법 정신입니다.

아울러 우리는 함께 공동체를 이루고 더불어 살아가는 사람들입니다.

이처럼 소중한 국민의 자유와 권리라 할지라도, 국가의 안전을 지키고 질서를 유지하기 위해서는, 그리고 사회 구성원 전체의 이익과 행복을 위해서는, 필요한 경우에 제한할 수 있습니다.

하지만, 꼭 법률에 의해서만 가능합니다.

불가피하게 국민의 기본권을 제한하는 경우에도,
'자유와 권리의 본질적인 내용'은 결코 해칠 수 없음을 분명히 선언합니다.

우리의 의무 - 국민의 5대 의무

제31조 ② 모든 국민은 그 보호하는 자녀에게 적어도 초등교육과 법률이 정하는 교육을 받게 할 의무를 진다.
제32조 ② 모든 국민은 근로의 의무를 진다. 국가는 근로의 의무의 내용과 조건을 민주주의원칙에 따라 법률로 정한다.
제35조 ① 모든 국민은 건강하고 쾌적한 환경에서 생활할 권리를 가지며, 국가와 국민은 환경보전을 위하여 노력하여야 한다.
제38조 모든 국민은 법률이 정하는 바에 의하여 납세의 의무를 진다.
제39조 ① 모든 국민은 법률이 정하는 바에 의하여 국방의 의무를 진다.
② 누구든지 병역의무의 이행으로 인하여 불이익한 처우를 받지 아니한다.

교육의 의무
세금을 내야 할 의무
일해야 할 의무
나라를 지켜야 할 의무
환경을 보호해야 할 의무

국민이기에 권리를 누리는 만큼
지켜야 하는 의무도 있습니다

권리도, 의무도
우리의 행복을 위해
우리나라 대한민국을 위해 존재합니다

헌법은 대한민국 국민의 다섯 가지의 의무를 말하고 있습니다.

첫째, '교육의 의무'입니다. 부모님(친권자나 후견인)은 보호하는 자녀에게 초등교육과 법률이 정하는 교육을 받게 할 의무가 있습니다. 여기서 법률은 「교육기본법」을 말하는데, 이 법에 따라 초등학교부터 중학교까지 의무교육을 받게 되어있습니다.

둘째, '납세의 의무'입니다. 국민이 낸 세금은 국가 재정의 기초가 되어 나라살림에 쓰입니다. 국민이 내는 세금에는 소득세, 종합부동산세 등과 같은 '국세'와 취득세, 자동차세 등과 같은 '지방세'가 있습니다. 사람에 따라 경제적 능력이 다르기 때문에 그에 맞는 세금을 납부하는 것이 원칙입니다. 세금도 공정하고 공평하게 부담해야 합니다.

셋째, '근로의 의무'입니다. 일할 수 있는 능력이 있다면, 생활을 위한 경제활동을 해야 할 의무입니다. 국가도 일하기 좋은 환경과 일자리를 제공해야 합니다.

넷째, '국방의 의무'입니다. 독립된 우리나라, 국가 영토를 지키기 위한 의무입니다. 「병역법」에 따라 대한민국 국민인 남성에게 군대에 가는 병역의무를 주고 있으며, 여성은 지원에 의해 군대 복무가 가능합니다.

다섯째, '환경 보전의 의무'입니다. 모든 국민이 건강하고 쾌적한 환경에서 생활할 권리를 가진 만큼, 국민은 환경보전을 위해 노력해야 합니다. 기후문제, 쓰레기문제, 미세먼지 등 심각해지는 환경문제에 대처하는 것은 현재의 우리와 미래세대를 위한 중요한 의무입니다.

권리를 누리는 만큼, 의무도 다해야 합니다.
국민의 5대 의무,
'우리나라'라는 공동체를 위해 국민 모두가 함께 지켜야 합니다.

헌법

40조
~
116조

헌법기관
(국회/국회의원/정부/대통령/국무총리/
감사원/법원/헌법재판소/선거관리위원회)

국회

제40조 입법권은 국회에 속한다.
제41조 ① 국회는 국민의 보통·평등·직접·비밀선거에 의하여 선출된 국회의
원으로 구성한다.
제54조 ① 국회는 국가의 예산안을 심의·확정한다.

국회는
국민의 대표들이 모여
법을 만드는 헌법기관입니다
입법권은 법률을 만들거나 고치는 권한입니다

국회의원은
보통·평등·직접·비밀 선거로 뽑습니다

국가의 살림살이 규모와 내용을 담은
예산안을 최종 결정하며
국가의 여러 가지 중요한 일을
의논하고 결정하는 권한이 있습니다

또한
대통령과 정부, 그리고 여러 국가기관들이
주어진 일을 잘 수행하는지에 대해
국민에게 위임받은 권한으로 감시하고 살펴봅니다

국회는 국민이 대표로 뽑은 국회의원들로 구성된 입법기관입니다.

주권자인 국민과 헌법이 부여한 입법권으로 법률을 만들거나 고칩니다. 국가의 살림살이 계획인 예산안을 확정하고, 예산이 잘 쓰였는지 검토하기도 합니다.

법률 수 1,554개 (법제처, 2021.12. 기준)
국가예산안 607.7조 (2022년 예산안)

또한 대통령과 정부 등 국가기관이 일을 잘하는지 못하는지 감시합니다. '국정감사', '국정조사', '대정부질문' 등을 통해 나라의 정책이 잘 세워졌는지 그리고 실제로 잘 시행되었는지 따져봅니다. 더 잘할 수 있게 대안을 제시하기도 합니다.

국회에는 각 전문 분야별로 상임위원회가 있습니다.
상임위원회 중심으로 관련된 법률안과 청원을 심사합니다. 또한 상임위 소속 정부부처 예산안과 결산을 심사하고, 시행된 정책 운영 전반에 대한 감사도 합니다.

2022년 1월 현재 국회 상임위원회는 총 17개가 운영됩니다.
(국회운영위원회, 법제사법위원회, 정무위원회, 기획재정위원회, 교육위원회, 과학기술정보방송통신위원회, 외교통일위원회, 국방위원회, 행정안전위원회, 문화체육관광위원회, 농림축산식품해양수산위원회, 산업통상자원중소벤처기업위원회, 보건복지위원회, 환경노동위원회, 국토교통위원회, 정보위원회, 여성가족위원회)

예산안과 결산을 종합적으로 심사하는 예산결산특별위원회와 같은 '상설 특별위원회'가 있고,
윤리특별위원회, 재난안전대책특별위원회, 청년미래특별위원회, 민생경제특별위원회, 국정조사특별위원회와 같이 일정기간 동안만 운영하는 '비상설 특별위원회'도 있습니다.

국회의원

제41조 ① 국회는 국민의 보통·평등·직접·비밀선거에 의하여 선출된 국회의원으로 구성한다.
② 국회의원의 수는 법률로 정하되, 200인 이상으로 한다.
③ 국회의원의 선거구와 비례대표제 기타 선거에 관한 사항은 법률로 정한다.

국회의원은,
국민 앞에, 헌법 앞에,
다음과 같은 선서를 합니다

"나는 헌법을 준수하고
국민의 자유와 복리의 증진 및
조국의 평화적 통일을 위하여 노력하며
국가이익을 우선으로 하여
국회의원의 직무를 양심에 따라 성실히 수행할 것을
국민 앞에 엄숙히 선서합니다"

국회의원은
주권자 국민을 대신해
국민과 조국 대한민국을 위해 일하는 사람들입니다

국회의원은 주권자 국민의 뜻을 받들어 법률을 제정하고 국정을 살피는 국민의 대표자입니다.

국민의 보통·평등·직접·비밀선거에 의하여 선출되며 임기는 4년입니다. 헌법에서는 국회의원 수가 200명 이상이어야 한다 말하고 있습니다. 이에 따른 「공직선거법」에 의해 지금의 국회의원 수는 300명입니다. 국회는 일정한 지역을 대표하는 지역구 의원 253명과 지역을 넘어 직능, 세대 등을 대표하는 비례대표 의원 47명으로 구성되어 있습니다.

국회의원 선거는 '1인 2표제'입니다. 유권자 1명은 총 2표를 행사할 수 있는데, 지역구 후보에게 1표, 지지하는 정당에 1표를 줄 수 있습니다. 이에 따라 각 지역구별로 가장 많은 표를 받은 후보 1인은 지역구 국회의원으로 당선되고, 각 정당의 득표율에 따라 그 정당이 정한 순위에 의해 비례대표 국회의원 수가 정해집니다.

국회의원은 법률안 발의권과 정부 구성원과 국무위원들에 대한 질문권, 질의권이 있습니다. 법률안과 예산안 등 안건에 대한 토론권과 표결권 그리고 국회를 자율적으로 운영해 갈 자율권이 있습니다.

또한 국회의원 개개인이 외부의 부당한 압력에 간섭을 받지 않도록, 회기 중 '불체포 특권'과 국회 안에서 의정활동으로 발언한 내용에 대한 '면책 특권'이 주어집니다.

국회의원의 의무도 헌법에서 말하고 있습니다. '청렴의 의무'가 있으며(제46조1항), '국가이익을 우선'하여 양심에 따라 직무를 수행해야 하는 의무도 있습니다 (제46조2항).

예산 심의 확정권

제54조 ① 국회는 국가의 예산안을 심의·확정한다.
② 정부는 회계연도마다 예산안을 편성하여 회계연도 개시 90일전까지 국회에 제출하고, 국회는 회계연도 개시 30일전까지 이를 의결하여야 한다.

국회는
국가의 1년 살림살이에 필요한
예산안을 심의하고 확정합니다

예산안은 정부가 세워 국회에 제출합니다

국회는
각 상임위별 예산안 심사를 거쳐
본회의 의결을 통해 예산안을 확정합니다

나라살림을 하는 정부는
확정된 예산안을 변경할 필요가 있을 때
'추가경정예산안'을 편성해 국회에 제출하고
국회는 다시 이를 심사하고 의결합니다

2022년도 우리나라 전체 예산은 607조 7천억 원입니다.

보건·복지·고용, 교육, 국방, 산업·중소기업·에너지, 환경, 안전, 문화·체육·관광, 농림·수산·식품, 외교·통일 분야 등 국민 삶을 돕는 다양한 사업에 쓰여집니다.

예산은 교육, 국방, 보건, 사회보장과 같이 일반적인 행정을 추진하는데 필요한 예산인 '일반회계'와 교통사업, 체신사업, 양곡관리사업 등 특별한 목적을 가지고 수행하는 사업을 위한 예산인 '특별회계'로 나뉩니다.

1년 예산안이 최초로 확정된 것을 '본예산'이라 하고, 예산을 추가하거나 삭감하는 등 특정한 이유가 생겨 본예산을 변경해서 다시 정한 것을 '추가경정예산'이라고 합니다.

중앙정부 예산안은 국회에서 심의·확정하고, 지방정부 예산안은 지방의회에서 심의·확정합니다.

예산안·결산에 대한 심사는 정부의 정책이 잘 계획되었는지 그리고 잘 집행되었는지 감시하여 국민의 세금이 더 알맞고 바르게 쓰이도록 하는 것입니다.

또한 국회가 가진 예산심의·확정권은 나라살림을 계획하고 집행하는 정부에 대해 견제와 균형을 유지하는 기능이기도 합니다.

대통령

제66조 ① 대통령은 국가의 원수이며, 외국에 대하여 국가를 대표한다.
② 대통령은 국가의 독립·영토의 보전·국가의 계속성과 헌법을 수호할 책무를 진다.
③ 대통령은 조국의 평화적 통일을 위한 성실한 의무를 진다.
④ 행정권은 대통령을 수반으로 하는 정부에 속한다.
제67조 ① 대통령은 국민의 보통·평등·직접·비밀선거에 의하여 선출한다.
④ 대통령으로 선거될 수 있는 자는 국회의원의 피선거권이 있고 선거일 현재 40세에 달하여야 한다.

대통령은
주권자인 국민과 헌법이 부여한
으뜸가는 자격과 힘으로
나라를 대표합니다

국가의 독립과 영토를 보호하고 유지하며
헌법을 지키고 보호하며
평화 통일을 위해 노력할 의무가 있습니다

국민들이
보통·평등·비밀·직접 선거로 뽑습니다

대통령은 국가를 대표하는 국가의 원수이면서 행정권을 가진 정부를 대표하는 이중적 지위를 가지고 있습니다.

헌법은 대통령과 행정부(국무총리, 국무위원, 국무회의, 행정각부, 감사원)가 대한민국 〈정부〉를 구성한다고 말하고 있습니다. 법을 만드는 곳이 〈국회〉이고, 그 법을 통해 나라살림을 직접 수행하는 곳이 〈정부〉입니다. 그 정부의 최고 책임자가 바로 〈대통령〉입니다.

대통령은 국가를 대표합니다. 평화적 통일을 위해 일해야 하며, 헌법을 지켜야 하는 의무도 있습니다.

헌법은 대통령이 할 수 있는 일에 대해 구체적으로 말하고 있습니다.
① 외국에 대하여 조약을 체결하고, 외교사절을 임명하고 파견하며, 전쟁에 대한 선전포고 등을 할 수 있고(제73조), ② 국정의 최고 책임자로서 정책을 결정하고 시행하며(제66조4항), 국군을 지휘하고 통제할 수 있습니다(제74조2항). ③ 법을 만드는 권한도 있는데, 헌법개정안을 제출할 수 있고(제128조1항), 법률안을 제출할 수 있으며(제52조, 제89조3호), 법률에서 맡긴 사항과 법률의 집행에 필요한 사항을 대통령령으로 정할 수 있습니다(제75조). ④ 헌법재판소장, 헌법재판관, 대법원장, 대법관, 중앙선거관리위원회 위원 등 헌법기관의 구성원을 임명할 수 있고(제104조, 제111조, 제114조), 국무총리, 국무위원, 감사원장, 행정각부의 장과 주요 공직자를 임명할 수 있습니다. ⑤ 사법에 대한 권한으로 헌법을 위반한 정당의 해산에 관한 소송을 제기하는 것(제8조4항), 형벌을 면제할 수 있는 사면권(제79조) 등도 있습니다. ⑥ 외교·국방·통일·기타 국가안위에 관한 중요한 정책 등을 투표에 부쳐(제72조) 국민의 의사를 직접 물을 수 있는 국민투표부의권도 가지고 있고, ⑦ 긴급명령권(제76조), 국가 비상사태 시 군대를 동원하는 계엄선포권(제77조) 등도 가지고 있습니다.

이처럼 대통령은 국가와 헌법의 수호자,
국민을 보호하고 지켜야 할 국가의 대표자로서
가장 큰 책임, 가장 중요한 책임이 있는 사람입니다.

대통령 선서

제69조　대통령은 취임에 즈음하여 다음의 선서를 한다.
"나는 헌법을 준수하고 국가를 보위하며 조국의 평화적 통일과 국민의 자유와 복리의 증진 및 민족문화의 창달에 노력하여 대통령으로서의 직책을 성실히 수행할 것을 국민 앞에 엄숙히 선서합니다."

대통령은 취임할 때 다음과 같이 선서합니다

"나는 헌법을 준수하고 국가를 보위하며
조국의 평화적 통일과
국민의 자유와 복리의 증진 및 민족문화의 창달에 노력하여
대통령으로서의 직책을 성실히 수행할 것을
국민 앞에 엄숙히 선서합니다"

헌법을 지키고
국가를 보호하고 지키며
평화 통일을 위해 노력하고
국민의 자유, 행복, 이익이 더해지고
우리의 문화가 자유롭게 표현되고 전달될 수 있도록 노력하여
대통령으로서 맡은 일에 대한 책임을 성실하게 다할 것을
국민 앞에 엄숙하게 맹세하는 것입니다

대통령은 대한민국 국민 중 최고의 권한을 가진 사람입니다.
국가를 대표하고 정부를 대표하기 때문입니다.

그러나 대통령의 권한이 아무리 크다 할지라도,
대한민국은 민주공화국입니다.
대한민국의 주권은 국민에게 있고, 모든 권력은 국민으로부터 나옵니다.

민주공화국 대한민국의 최고의 권력자는,
주권자인 국민이라는 것이 헌법의 준엄한 명령입니다.

헌법은 대통령의 임기를 단임제 5년으로 정해 놓았습니다. 딱 한번 5년만 할 수 있습니다. 국회의원은 4년 임기에 대한 규정만 있을 뿐, 연임에 대한 제한은 없습니다.

대통령은 나이 18세 이상 국민들의 보통·평등·직접·비밀선거 투표로 선출됩니다.

또한 헌법에 따라 나이 40세 이상이 되어야 출마할 자격을 가집니다. 시대 변화에 맞춰 대통령선거에 출마할 수 있는 나이는 더 낮춰야 한다는 의견도 많습니다.

대통령이 취임할 때는 헌법에 명시된 취임 선서를 합니다. 헌법에 취임 선서를 규정한 대상은 대통령이 유일합니다. 국가를 대표하는 헌법수호자로서 그 책임이 막중하기 때문입니다.

국무총리와 국무위원, 국무회의

제1관 국무총리와 국무위원

제86조 ① 국무총리는 국회의 동의를 얻어 대통령이 임명한다.
② 국무총리는 대통령을 보좌하며, 행정에 관하여 대통령의 명을 받아 행정각부를 통할한다.
③ 군인은 현역을 면한 후가 아니면 국무총리로 임명될 수 없다.

제87조 ① 국무위원은 국무총리의 제청으로 대통령이 임명한다.
② 국무위원은 국정에 관하여 대통령을 보좌하며, 국무회의의 구성원으로서 국정을 심의한다.
③ 국무총리는 국무위원의 해임을 대통령에게 건의할 수 있다.
④ 군인은 현역을 면한 후가 아니면 국무위원으로 임명될 수 없다.

제2관 국무회의

제88조 ① 국무회의는 정부의 권한에 속하는 중요한 정책을 심의한다.
② 국무회의는 대통령·국무총리와 15인 이상 30인 이하의 국무위원으로 구성한다.
③ 대통령은 국무회의의 의장이 되고, 국무총리는 부의장이 된다.

제89조 다음 사항은 국무회의의 심의를 거쳐야 한다.
  1. 국정의 기본계획과 정부의 일반정책
  2. 선전·강화 기타 중요한 대외정책
  3. 헌법개정안·국민투표안·조약안·법률안 및 대통령령안
  4. 예산안·결산·국유재산처분의 기본계획·국가의 부담이 될 계약 기타 재정에 관한 중요사항
  5. 대통령의 긴급명령·긴급재정경제처분 및 명령 또는 계엄과 그 해제
  6. 군사에 관한 중요사항

7. 국회의 임시회 집회의 요구
8. 영전수여
9. 사면·감형과 복권
10. 행정각부간의 권한의 획정
11. 정부안의 권한의 위임 또는 배정에 관한 기본계획
12. 국정처리상황의 평가·분석
13. 행정각부의 중요한 정책의 수립과 조정
14. 정당해산의 제소
15. 정부에 제출 또는 회부된 정부의 정책에 관계되는 청원의 심사
16. 검찰총장·합동참모의장·각군참모총장·국립대학교총장·대사 기타 법률이 정한 공무원과 국영기업체관리자의 임명
17. 기타 대통령·국무총리 또는 국무위원이 제출한 사항

국무총리는
정부의 대표자인 대통령을 보좌하며
대통령의 지시를 받아 일을 합니다
행정각부를 지휘합니다
또한 국무위원의 임명을 대통령에게 제청합니다

국무위원은
국무회의의 구성원으로서
대통령, 국무총리와 함께 나라의 현안을 논의하고 결정합니다

국무회의는
대통령, 국무총리, 국무위원이 함께하는 회의입니다

국무총리는 대통령을 보좌하며, 대통령의 지시를 받아 일을 합니다.
기획재정부, 교육부, 외교부, 국방부 등 정부 행정각부를 지휘합니다.

국무총리는 대통령이 임명하지만, 국회의 동의가 필요합니다.

국무위원은 국무회의의 구성원입니다.
국정을 함께 논의하고 결정하며, 대통령을 보좌합니다.
국무위원은 국무총리의 요청에 따라 대통령이 임명합니다.

국무회의는
대통령, 국무총리, 국무위원이 함께하는 회의입니다.
정부의 중요한 정책에 대해 함께 논의하고 결정합니다.
국가의 최고 의사 결정기구라 할 수 있습니다.

국무회의는 대통령·국무총리와 행정각부의 장관을 포함한 15명 이상 30명 이하의 국무위원으로 구성합니다.
헌법은 국무회의의 심의를 거쳐야 하는 사항들을 명확히 정하고 있습니다.

감사원

제97조 국가의 세입·세출의 결산, 국가 및 법률이 정한 단체의 회계검사와 행정기관 및 공무원의 직무에 관한 감찰을 하기 위하여 대통령 소속 하에 감사원을 둔다.

국가의 수입과 지출을 계산(결산)합니다

국가와 법에서 정한 단체의
회계(들어오고 나가는 돈)를 검사합니다

행정기관과 공무원의 업무도
감독하고 살핍니다

대통령이 총괄하는
국가 최고 감사기구입니다

독립적이고, 공정한 감사 활동으로
바른 나라를 만들어 갑니다

감사원은 국가의 세입·세출의 결산을 검사하고, 국가 및 법률에서 정한 단체에 대한 회계검사를 합니다. 또한, 행정기관 및 공무원의 직무를 감독하고 살핍니다.

감사원은 대통령 직속기관으로 대통령이 총괄합니다. 하지만, 업무는 독립적으로 수행합니다. 공정하고 객관적으로 감사하기 위해서입니다.

감사원은 세입·세출 결산을 매년 검사하여 그 결과를 대통령과 다음연도 국회에 보고합니다. 예산이 잘 짜이고 올바로 쓰였는지 확인하고, 그 결과를 다음 회계연도에 반영합니다. 회계검사를 통해 건강한 재정을 유지하는데 도움이 됩니다. 법을 어긴 공무원에 대해 감독할 뿐만 아니라, 업무에 대한 감독도 합니다. 이에 따라 징계를 하거나 시정 요구 등을 합니다.

감사원의 역사는 1948년 제헌헌법부터 시작되었습니다. 법과 원칙에 따라 중립적으로, 공정하게, 객관적으로, 신중하게 감사합니다. 공공의 책임성을 높이고, 효율성과 성과를 높입니다. 공무원의 공직기강을 바로잡고 건강한 재정운용을 돕습니다.

국민도 감사원에 감사를 요청할 수 있습니다. 2002년부터 '국민감사청구제도'가 시행되고 있습니다. 「부패방지 및 국민권익위원회의 설치와 운영에 관한 법률」 제72조에 따라 공공기관의 사무처리가 법령을 어기거나 부패행위로 공익을 해치는 경우, 19세 이상의 국민 300명 이상이 감사원에 감사 청구를 할 수 있습니다.

법원

제101조 ① 사법권은 법관으로 구성된 법원에 속한다.
　　　　② 법원은 최고법원인 대법원과 각급법원으로 조직된다.
　　　　③ 법관의 자격은 법률로 정한다.
제103조 법관은 헌법과 법률에 의하여 그 양심에 따라 독립하여 심판한다.

재판을 할 수 있는 권한은
법관으로 이루어진 법원이 가지고 있습니다

법원은
사람들 사이에 다툼이 생겼을 때
법을 해석하고 적용하여 판결하는 국가기관입니다
'사법부'라고 합니다

법원은
최고 법원인 대법원과
다양한 재판을 하는 여러 법원으로 구성되어 있습니다

법관은 오직 헌법과 법률에 따라
법관의 양심대로 잘잘못을 가립니다

누구의 간섭이나 지시도 받지 않고
독립적으로 판결합니다

공정하고 정의롭게!
국민의 권리를 보호하고
사회의 질서를 지키기 위해서입니다

법을 만들고 고치는 곳이 '국회'이고,
법을 실행에 옮기는 곳이 '대통령과 행정부'라면,
법을 해석하고 적용해 문제를 해결하는 곳이 '법원'입니다.

법을 적용하고 판단하는 것은 '재판'을 통해 이루어집니다.
헌법에 따라 재판을 할 수 있는 권리, '사법권'을 법원이 가지고 있습니다.

법원은
우리가 어렵고 힘든 일을 당했을 때 최종적인 판단을 내려 주는 곳,
법을 어기고 잘못을 저지른 사람들의 죗값을 판단하는 곳입니다.

법원은
법관으로 이루어져 있습니다.
대법원의 법관인 대법관, 각급 법원의 법관인 판사가 있습니다.

재판을 하는 것, 사법적 판단을 내리는 것은
국민의 권리 보호와 사회질서 유지에 직접적인 영향을 끼칩니다.
따라서 더욱 치우침이 없어야 하고 공정해야 합니다.

법관은 헌법과 법률에 따라 공정하게 판결해야 합니다.
양심에 따라 독립하여 심판하도록 헌법이 보장하고 있습니다.
어느 누구도 법관의 재판에 간섭해서는 안 됩니다.

법관의 임기를 보장하고, 신분을 보장하는 것도
독립된 권한으로 공정한 재판을 하게 하기 위함입니다.

정의로운 법관의 공정한 재판을 통해
주권자인 국민의 권리를 보호합니다.

대법원과 각급법원

제101조 ① 사법권은 법관으로 구성된 법원에 속한다.
② 법원은 최고법원인 대법원과 각급법원으로 조직된다.
③ 법관의 자격은 법률로 정한다.

법원은
단 하나의 최고법원인 대법원과
다양한 재판을 하는 각급 법원으로 이루어져 있습니다

대법원에는
대법원장을 포함한 14명의 대법관이 있습니다
모두 국회의 동의를 받아 대통령이 임명합니다

대법원과 각급법원은 재판을 통해
다툼을 해결하고 국민의 권리를 보호하며
사회의 안전과 질서, 공공의 이익을 지킵니다

법원은 최고법원인 대법원과 다양한 재판을 하는 각급법원으로 이루어져 있습니다.

법원의 종류는 7가지가 있는데,
대법원, 고등법원, 지방법원, 특허법원, 가정법원, 행정법원, 회생법원입니다.

단 하나의 최고법원인 대법원을 서울에 두고 있습니다. 서울, 대전, 대구, 부산, 광주, 수원 6개 도시에 고등법원이 설치되어 있고, 18개의 지방법원이 있습니다.

우리나라 법원은 동일한 사건에 대해 재판을 3번까지 받을 수 있는 '삼심제(三審制)'로 운영되고 있습니다. 재판을 받는 사람의 권리를 보호해주기 위함입니다. 보통 지방법원(1심)에서 시작하여 고등법원(2심)을 거쳐 대법원(3심)에서 최종 판결됩니다.

대법원에는 대법원장을 포함한 14명의 대법관을 둡니다.
대법원장 1명, 대법관 13명 모두 국회의 동의를 얻어 대통령이 임명합니다.

헌법재판소

제111조 ① 헌법재판소는 다음 사항을 관장한다.
　　1. 법원의 제청에 의한 법률의 위헌여부 심판
　　2. 탄핵의 심판
　　3. 정당의 해산 심판
　　4. 국가기관 상호간, 국가기관과 지방자치단체간 및 지방자치단체 상호간의 권한쟁의에 관한 심판
　　5. 법률이 정하는 헌법소원에 관한 심판
② 헌법재판소는 법관의 자격을 가진 9인의 재판관으로 구성하며, 재판관은 대통령이 임명한다.
③ 제2항의 재판관중 3인은 국회에서 선출하는 자를, 3인은 대법원장이 지명하는 자를 임명한다.
④ 헌법재판소의 장은 국회의 동의를 얻어 재판관중에서 대통령이 임명한다.

헌법재판소의 권한은 다음과 같습니다

법률이 헌법을 따르는지 심판하고 (위헌법률심판)
권한 있는 사람이 헌법과 법률을 따르는지 심판하고 (탄핵심판)
정당이 헌법과 민주적 기본질서를 따르는지 심판하고
(정당해산심판)
국가와 지방자치단체 등 서로의 다툼을 심판하고 (권한쟁의심판)
헌법이 보호하는 개인의 자유와 권리가 침해받았는지 심판합니다
(헌법소원심판)

헌법재판소는
헌법 수호자이며 민주주의의 최후의 보루입니다

헌법재판소는 국민의 자유와 권리를 지키는 헌법재판을 맡아서 처리하는 헌법기관입니다.

헌법새판소는 1960년 헌법(제3차 개정헌법)에 처음 등장했습니다. 헌법재판소를 설치하기 위한 「헌법재판소법」까지 마련되었지만, 1961년 5·16 군사정변으로 인해 뜻을 이루지 못합니다. 다시, 1987년 6·10 민주항쟁으로 만들어진 지금의 헌법(제9차 개정헌법)에 의해 헌법재판소의 역사가 다시 시작되었습니다.

더 거슬러 올라가면, 대한민국 임시정부시절에도 헌법재판소의 기능을 경험한 적이 있습니다. 1925년 임시의정원(상하이 대한민국 임시정부의 의회) 심판위원회에서 이승만 임시대통령을 헌법의 절차에 따라 탄핵하여 면직시킨 역사가 있습니다.

헌법재판소는 9명의 재판관으로 구성됩니다. 삼권분립의 원칙에 따라 3명은 국회가 선출한 사람, 다른 3명은 대법원장이 지명한 사람을 대통령이 임명합니다. 헌법재판소장은 9명의 재판관 중에서 국회의 동의를 받아 대통령이 임명합니다. 재판관의 임기는 6년이며, 연임할 수 있습니다.

헌법재판소는 중요한 5가지의 권한이 있습니다.

1. 위헌법률심판 : 법률이 헌법을 따르는지 심판합니다. 헌법정신을 어긴 법률은 효력을 잃게 됩니다.
2. 탄핵심판 : 대통령, 국무총리, 헌법재판소 재판관, 법관, 감사원장 등 고위직 공무원의 잘못을 심판합니다.
3. 정당해산심판 : 정당이 헌법과 민주적 질서를 따르는지 심판합니다.

4. 권한쟁의심판 : 국가기관과 지방자치단체의 권한과 의무에 대한 다툼 사항을 심판합니다. 국가기관과 지방자치단체의 권한을 조정하고, 견제와 균형을 유지합니다.
5. 헌법소원심판 : 헌법이 보장하고 있는 국민의 기본권이 침해받았는지 심판합니다. 국민의 권리와 이익을 보호합니다.

헌법을 보호하고 지키는 것은, 국민의 인간의 존엄을 보장하고 국민의 자유와 권리를 보호하고 지켜내는 것입니다. 헌법과 기본권의 최후의 수호자 헌법재판소입니다.

선거관리위원회

제114조 ① 선거와 국민투표의 공정한 관리 및 정당에 관한 사무를 처리하기 위하여 선거관리위원회를 둔다.
② 중앙선거관리위원회는 대통령이 임명하는 3인, 국회에서 선출하는 3인과 대법원장이 지명하는 3인의 위원으로 구성한다. 위원장은 위원중에서 호선한다.
③ 위원의 임기는 6년으로 한다.
④ 위원은 정당에 가입하거나 정치에 관여할 수 없다.
⑤ 위원은 탄핵 또는 금고 이상의 형의 선고에 의하지 아니하고는 파면되지 아니한다.
⑥ 중앙선거관리위원회는 법령의 범위안에서 선거관리·국민투표관리 또는 정당사무에 관한 규칙을 제정할 수 있으며, 법률에 저촉되지 아니하는 범위안에서 내부규율에 관한 규칙을 제정할 수 있다.
⑦ 각급 선거관리위원회의 조직·직무범위 기타 필요한 사항은 법률로 정한다.

'선거'와 '국민투표'를
공평하고 올바르게 관리하는 곳입니다

선거와 정치에서 중요한 역할을 하는
'정당'과 관련된 일을 처리하는 곳입니다

'민주주의의 꽃'
공정하고 투명한 선거 문화를 만듭니다

우리를 대표해 일할 사람을 투표로 결정하는 과정이 '선거'입니다. 선거를 통해 국민의 대표를 뽑고, 국민의 대표가 되기도 합니다. 국민의 권리를 직접 행사하기 때문에 '민주주의의 꽃'이라고도 합니다.

어떤 대표자가 선택되느냐에 따라 우리나라와 우리의 삶에 미치는 영향이 무척 큽니다. 선거에 참여하고 투표를 하는 것은 더 나은 미래로 가기 위한 선택, 대한민국의 운명을 바꾸는 선택을 하는 것입니다. 따라서 선거는 더욱 공정해야 합니다.

대한민국 최초의 선거는 1948년 5·10 총선거입니다. 북한을 제외한 남한만의 단독선거라는 아쉬움이 있지만, 국민들이 선거에 참여하는 권리, '참정권'을 공식적으로 행사한 첫 선거입니다.

하지만, 1960년 3·15 부정선거와 같이 권력을 유지하기 위해 비민주적인 방법을 동원했던 부끄러운 역사가 있습니다. 그래서 선거를 공정하게 관리하기 위해 1960년 제3차 개정헌법에 '중앙선거위원회'를 설치하였습니다.

선거관리위원회는 선거와 국민투표를 공정하게 관리합니다.
그리고, 정당과 관련된 일들을 처리합니다.

구체적으로, ① 대통령선거, 국회의원선거, 지방자치단체의 장 및 지방의회 의원의 선거 등 각종선거를 관리하고, ② 외교·국방·통일 기타 국가안위에 관한 중요정책이나 헌법개정안에 대한 국민투표를 관리합니다. ③ 정당의 등록, 변경, 활동 등에 관한 감독과 정당발전 지원 등 정당의 업무를 관리하며, ④ 정당에 대한 국고보조금지급, 후원회 설립 및 운영을 감독하고, 정치자금을 배분 및 운영을 감독하는 등 정치자금 사무를 관리합니다. ⑤ 민주시민정치교육, 선거 및 정치제도를 연구하는 등의 역할도 합니다(중앙선거관리홈페이지 참고).

중앙선거관리위원회와 각 시·도, 구·시·군, 읍·면·동에 선거관리위원회가 있습니다.
중앙선거관리위원회의 위원은 9명입니다. 대통령이 임명하는 3명, 국회에서 선출하는 3명, 대법원장이 지명하는 3명으로 구성됩니다. 이 또한 권력분립입니다.
이들은 어느 한 쪽에 치우치지 않도록 특정 정당에 가입하거나 정치 활동을 할 수 없습니다. 외부의 간섭이나 영향을 받지 않도록 헌법과 법률에 따라 6년의 임기와 신분을 보장받습니다.

국민의 소중한 표의 가치를 지키는 '선거관리위원회'입니다.

헌법

117조
~
130조

지방자치
경제
헌법개정

지방자치

제117조 ① 지방자치단체는 주민의 복리에 관한 사무를 처리하고 재산을 관리하며, 법령의 범위안에서 자치에 관한 규정을 제정할 수 있다.
② 지방자치단체의 종류는 법률로 정한다.

주민과 가장 가까운 지역에서
주민의 행복과 이익을 위해 일합니다
지역의 문제를 스스로 처리하며
주민 모두의 공공재산을 관리합니다

주민의 의견을 들어
지역의 일을 직접 처리합니다
지역의 일에 관한 조례도 만들 수 있습니다

지역과 주민이 중심입니다
주민의 복지를 더하고, 지역이 골고루 발전합니다
나라가 더 튼튼해집니다

모두가 '지방자치'의 힘입니다

'지방자치'란 지역의 일을 지역의 주민이 스스로 결정하고 실천하는 것입니다.

지역별로 스스로 지역의 일들을 처리해 나갈 수 있는 권리를 '자치권'이라고 합니다. 일정한 지역을 기반으로 자치권을 행사하는 단체를 지방자치단체, 또는 지방정부라고 합니다. 생활 민원, 마을 환경, 마을 복지 등 지역의 일을 합니다. 지방정부와 달리 외교, 국방, 경제 등 나라를 대표하는 국가적인 일을 하는 곳은 '중앙정부'라 합니다.

지방자치단체(지방정부)는 〈광역자치단체〉라 말하는 '특별시, 광역시, 특별자치시, 도, 특별자치도'와 〈기초자치단체〉라고 말하는 '시, 군, 구'로 구분됩니다. 우리나라에는 2020년 12월 31일 기준, 17개 광역자치단체와 226개의 기초자치단체(시·군·구)가 있습니다(행정안전부, 2021).

지방자치단체는 주민의 이익과 행복에 관한 일들을 처리하며, 주민 모두의 공공 재산을 관리합니다.

또한, 법령의 범위 안, 즉, 법령을 위반하지 않는 범위 내에서 지역의 일들에 대한 규정인 조례와 이를 집행하기 위한 규칙을 만들 수 있습니다. 지방의회의 의결을 거쳐 만들어지는 '조례'는 '지역의 법'이라 할 수 있습니다.

지역마다 특성이 다르고, 필요한 것들이 다릅니다. 지역의 특색에 맞게 다양한 정책을 만들고 조례를 만듭니다. 지역 주민들이 직접 참여하거나 선거로 선출된 대표자가 지역 주민들의 의견을 들어 지역의 살림살이를 꾸려갑니다.

지방자치는, 우리 마을의 주인은 주민이라는 뜻입니다.
지역의 미래는 우리 스스로가 주인 되어 결정하고 책임지는 것입니다.

지방정부와 지방의회 그리고 주민참여

제118조 ① 지방자치단체에 의회를 둔다.
② 지방의회의 조직·권한·의원선거와 지방자치단체의 장의 선임방법 기타 지방자치단체의 조직과 운영에 관한 사항은 법률로 정한다.

주민이 뽑은 대표들이
우리 지역의 일을 맡아서 처리합니다
스스로 결정하며 지역에 알맞게 살림살이를 해 나갑니다

'지방정부'와 '지방의회'는 서로 힘을 모읍니다
각자의 역할을 잘 하도록 서로 살펴봅니다
지역 주민들과 지역의 발전을 위해 일합니다

주민도 함께합니다
주민이 참여하여 지역의 일을 돌보는 것
국민이 주인되는 민주주의의 기초입니다

헌법은 지방자치단체에 의회를 둔다고 말하고 있습니다. 지방의회는 조례를 만들고 고치거나 없애기도 합니다. 지방자치단체의 장이 만든 예산안을 심사하고 확정하며, 쓴 예산과 결산을 승인합니다. 행정을 잘했는지 못했는지 감사 및 조사하고, 주민의 요청인 청원 등을 처리합니다.

지방의회는 의결기관이고, 지방자치단체의 장은 집행기관입니다.
4년에 한번, 지방선거를 합니다.
도지사, 시장·군수, 구청장과 같은 지방자치단체의 장을 뽑고, 도의원, 구의원, 시의원과 같은 지방의회의 의원들을 뽑습니다.
지방선거를 통해 선출된 대표자들과 함께 공무원들이 도청, 시청, 도의회, 시의회 등에서 일합니다.
주민의 행복과 이익을 위해 도시와 지역의 발전을 위해 함께 노력합니다. 서로 감시하고 살피며, 힘의 균형을 유지해 건강한 지방자치, 건강한 민주주의를 실현합니다.

주민도 직접 지역의 일에 참여할 수 있습니다. '풀뿌리민주주의'라고 합니다. 지방자치에 참여할 수 있는 주민의 권리가 있습니다. 주민은 조례를 만들거나 고치거나 없애는 것을 직접 청구할 수 있고(「지방자치법」 제19조, 「주민조례발안에 관한 법률」), 지방자치단체의 일처리가 법령에 어긋나거나 공공의 이익을 해친다고 인정되면 주민감사를 요청할 수 있습니다(「지방자치법」 제21조, 주민감사청구제도). 지방자치단체가 예산 집행을 잘못했을 때, 소송을 할 수 있고(「지방자치법」 제22조, 주민소송제도), 시장·군수나 시의원 등이 잘못했을 때도 소환하여 자리에서 물러나게 할 수 있습니다(「지방자치법」 제25조, 「주민소환에 관한 법률」).

지역에서부터 만드는 우리나라의 변화, 지역에서부터 강화되는 우리의 권리입니다. 민주주의는 주민이랑 가장 가까운 지방자치에서 시작됩니다.

경제 - 경제 민주화

제119조 ① 대한민국의 경제질서는 개인과 기업의 경제상의 자유와 창의를 존중함을 기본으로 한다.
② 국가는 균형있는 국민경제의 성장 및 안정과 적정한 소득의 분배를 유지하고, 시장의 지배와 경제력의 남용을 방지하며, 경제주체간의 조화를 통한 경제의 민주화를 위하여 경제에 관한 규제와 조정을 할 수 있다.

대한민국은
경제활동을 하는 개인과 기업의
창조적 새로움을 존중합니다

국가는
고른 국민 경제의 성장과 안정
그리고, 알맞은 소득의 나눔을 유지해야 합니다

크고 힘센 기업이 마음대로 하는 것을 적절히 막으며
모든 기업이 서로 잘 어울리고
경제활동이 민주적으로 이루어지도록
노력해야 합니다

우리나라 헌법은
경제 분야에서 일하는 사람과 기업의 자율성과 창의성을 존중합니다.
아울러 경제 주체 간의 적절한 균형과 협력도 중요하다고 말합니다.

즉, 경제 민주화입니다.

정치에서도 민주주의가 중요하고
경제에서도 민주주의가 필요하다는 뜻입니다.

기업과 기업 사이에도
기업과 소비자 사이에도
서로 돕고 협력해 함께 잘 사는 나라를 만드는 것이
우리나라 헌법이 말하는 '경제'입니다.

헌법개정

제128조 ① 헌법개정은 국회재적의원 과반수 또는 대통령의 발의로 제안된다.
② 대통령의 임기연장 또는 중임변경을 위한 헌법개정은 그 헌법개정 제안 당시의 대통령에 대하여는 효력이 없다.

제130조 ① 국회는 헌법개정안이 공고된 날로부터 60일 이내에 의결하여야 하며, 국회의 의결은 재적의원 3분의 2 이상의 찬성을 얻어야 한다.
② 헌법개정안은 국회가 의결한 후 30일 이내에 국민투표에 붙여 국회의원선거권자 과반수의 투표와 투표자 과반수의 찬성을 얻어야 한다.
③ 헌법개정안이 제2항의 찬성을 얻은 때에는 헌법개정은 확정되며, 대통령은 즉시 이를 공포하여야 한다.

헌법은
법 중의 법, 최고의 법입니다
헌법에 따라 모든 법들이 만들어집니다

이처럼 중요하기에 헌법은 쉽게 고칠 수 없습니다

헌법을 고치려면
국회의원 절반 이상이나
대통령이 국회에 제안해야 합니다

헌법개정안은
국회의원 3분의 2 이상이 찬성해야 의결됩니다
그 다음에 국민투표를 할 수 있습니다

투표를 할 수 있는 국민의 절반 이상이 참여하여
투표한 국민의 절반 이상이 찬성하면
헌법 개정이 확정됩니다

최종적으로 국민이 국민투표로 결정합니다
헌법을 만들고 고치는 주체는 국민입니다
헌법의 주인은 국민, 바로 우리입니다

'헌법 개정'이란 헌법의 내용을 고치거나 바꾸는 것입니다.
모든 법은 헌법에 따라 만들어지고, 우리나라는 헌법을 따라 운영됩니다.
헌법은 단 하나뿐이며, 국민의 기본적 권리를 보호해주는 최고의 법입니다.
그러기에 헌법을 개정하는 절차는 법률과는 달리 무척 어렵습니다.
쉽게 바꾸지 못하는 만큼 더 중요하다는 의미이기도 합니다.

헌법을 고치려면, 국회의원 과반수가 발의하거나 대통령이 직접 제안합니다. 제안된 헌법개정안은 국회의원 3분의 2이상의 찬성이 있어야 의결되며, 의결 후 30일 이내에 국민투표에 부칩니다. 국회의원 선거에 참여할 수 있는 국민(만 18세 이상 국민) 과반수의 투표와 투표한 사람의 과반수 찬성이 있으면 개정이 확정됩니다.
최종적으로는 국민이 직접 투표를 통해 결정한다는 것에 의미가 있습니다.
헌법을 만들고 고치는 주체가 국민, 헌법의 주인이 바로 국민이기 때문입니다.

오늘 날의 대한민국 헌법은 1987년 개정되었습니다.
1948년 제정 이후, 9번째로 고쳐진 헌법입니다.

벌써 많은 시간이 지났습니다.
4차 산업혁명 시대를 맞아 더 빠르게 기술이 발전하고 있고, 코로나19를 겪으며 생활 양식도 변하고 있습니다. 한반도 남·북 간의 평화를 위한 노력도 새롭고, 지구촌 국제질서의 변화도 큽니다. 급변하는 시대적 상황을 반영하기 위해서라도 새로운 헌법을 만들어야 한다는 목소리가 높습니다.

2018년 3월 문재인대통령은 헌법 개정을 제안했으나,
국회의 동의가 이루어지지 않아 국민투표에 이르지는 못했습니다.
그러나, 변화된 시대적 상황에 대응하고, 국민의 권리 강화와 더 나은 국민의
삶을 위해 헌법은 더 나은 모습으로 발전할 필요가 있습니다.

헌법의 주인은 국민입니다.
헌법의 주인인 우리들의 목소리가 반영된 헌법이어야, 진짜 국민의 헌법이
되는 것입니다.

그래서 우리는 더욱 더 헌법을 알아야 합니다.

헌법 개정의 역사

차수	공포 날짜	주요 내용	비고
임시 헌장	1919. 04. 11	· 국호 대한민국 · 정치체제 '민주공화제' · 평등, 자유, 의무 등 규정	임시의정원
임시 헌법	1919. 09. 11	· 대통령제	대한민국 임시 정부의 헌법
제헌 헌법	1948. 07. 17	· 대통령 임기 4년, 1회 중임 가능 · 대통령, 부통령 간접선거제	
1차	1952. 07. 07	· 대통령, 부통령 직접선거제 · 민의원과 참의원 양원제 국회	발췌 개헌안
2차	1954. 11. 29	· 대통령 연임 제한 폐지 · 자유 시장 경제	사사오입 개헌안
3차	1960. 06. 15	· 의원내각제, 국회 양원제 · 헌법재판소 설치 · 지방자치단체장 직선제	4·19 혁명
4차	1960. 11. 29	· 반민주행위자를 처벌하기 위한 소급입법 근거 규정 마련	
5차	1962. 12. 26	· 대통령 중심제, 4년 임기, 중임제	5·16 군사정변
6차	1969. 10. 21	· 대통령 3선 연임 허용	
7차	1972. 12. 27	· 대통령 간접선거제, 임기 6년 · 대통령 중임 제한 규정 폐지	유신헌법
8차	1980. 10. 27	· 대통령 간접선거제, 임기 7년, 단임제	5·18 광주 민주화운동
9차	1987. 10. 29	· 대통령 직접선거제, 임기 5년, 단임제	6.10 민주항쟁

2018. 문재인대통령이 제안한 헌법 개정 주요 내용

2018. 청와대 발표자료 및 2018.3.26. 대한민국헌법 개정안 참고

√ 헌법이 바뀌면 내 삶이 바뀝니다.
√ 국민의 기본권과 국민주권은 확대되어야 합니다.
√ 불평등과 불공정은 없어져야 합니다.
√ 지방분권과 자치는 강화되어야 합니다.
√ 더 정의롭고 공정한 중앙과 지방이 함께 잘 사는 대한민국

1. 헌법 전문(머리말)에 부마민주항쟁과 5·18 민주화운동, 6·10 민주항쟁의 민주이념 추가
2. 국민을 사람으로!
   ⇒ 모든 국민은 인간으로서의 존엄과 가치를 가지며 행복을 추구할 권리를 가진다.
   ⇒ 모든 사람은 인간으로서의 존엄과 가치를 가지며 행복을 추구할 권리를 가진다.
3. 근로를 노동으로!
4. 사회보장은 국가의 의무가 아니라 국민의 권리!
5. 안전권, 생명권, 건강권, 주거권 신설!
6. 어린이, 청소년을 독립된 인격주체로 존중, 보호받을 권리!
7. 문화국가, 그리고 문화의 자율성과 다양성을 증진하는 다문화 사회!
8. 직접민주주의 확대!
   ⇒ 국회의원을 투표로 그만두게 할 수 있는 '국민소환제',
   ⇒ 국민이 직접 법률안 등을 제안할 수 있는 '국민발안제' 신설!
9. 대통령임기를 5년에서 4년 연임제로!
   ⇒ 한번만 할 수 있는 5년 임기를, 한 번 더 이어서 할 수 있는 4년 연임제로!
10. 지방자치단체를 지방정부로!

05

[사진 : 임병택, 여수바다 해넘이]

헌법이 다시 우리에게!

꼭 알아야 할, 헌법 핵심의미

헌법은 !

약속, 선물,
등대, 내게!

[사진 : 임병택, 2022.1.1. 시흥갯골 해돋이]

헌법은 약속입니다.

우리가 태어나 자란 대한민국이 어떤 나라여야 하는지 말합니다. 대한민국 국민들은 어떤 권리와 의무를 가지고 있는지 말합니다. 대한민국 국회와 대통령, 법원, 그리고 헌법재판소 등 나라를 운영하는 헌법기관들이 무슨 일을 하며 어떻게 구성되어 있는지 말합니다.

이 모든 것들이 존재하고 추구하는 목표는 단 하나입니다. 대한민국 모든 국민의 자유와 권리를 보호하고 인간으로서의 존엄과 가치를 누리며 평등하고 행복하게 살아가기 위해서입니다. 그러한 나라를 만들어 가기위한 우리 모두의 굳은 '약속'입니다.

헌법은 선물입니다.

사람으로 태어나면서부터 갖게 되는 하늘이 내려 준 본연의 권리입니다. 천부인권이라 말합니다. 인간으로서의 존엄과 가치 그리고 평등과 행복이 〈사람으로서의 권리〉를 지켜줍니다. 최소한 인간다운 생활을 하고 보호받을 권리도 갖게 됩니다. 외국인이라 할지라도 사람이기에 주어진 '인권'을 존중받습니다.

자유롭게 생각하고 행동하며 자신이 말하고 싶은 내용을 표현할 자유가 있습니다. 자신의 양심대로 살아가며 정치에 참여하고 공동체를 대표할 권리가 있습니다. 교육받을 권리와 일할 권리 그리고 쾌적한 환경에서 살아갈 권리도 있습니다.

헌법은 등대입니다.

대한민국이기에 민주공화국 시민으로 살아갈 수 있습니다. 모든 권력이 국민에게 있는 나라, 국민의 뜻에 따라 서로 화합하며 살아가는 나라입니다. 다수결에 따르더라도 소수의 의견을 존중하는 공화국입니다.

평화를 사랑하며 평화를 실천하는 나라입니다. 한반도와 그 부속도서까지 자유민주적 방식으로 하나 되는 통일을 꿈꾸는 나라입니다. 국민 개개인의 안전을 보장받고 높은 문화를 누리는 나라입니다.

헌법은 내 거랍니다.

헌법은 나의 행복, 그리고 나의 평등과 존엄과 인간다운 생활을 위해 만들어졌습니다. 주인인 내가 나를 위해 존재하는 '헌법'을 알아야 진짜 주인 대접을 받을 수 있습니다. 다시 한 번 강조합니다. 헌법의 주인은 정치인이 아닙니다. 대통령도 국회의원도 시장도 아닙니다. 우리나라 대한민국의 평범한 우리 국민들이 진짜 주인입니다.

권한을 위임받아 일하는 대표자들을 존중하는 건 당연한 일입니다. 그러나 대표자에게 권한을 부여한 진짜 주인이자 주권자는 우리들입니다. 헌법의 정신이기에 권력을 가진 주권자와 권한을 위임받은 대표자는 서로를 존중해야 합니다. 그래야 대한민국이라는 공동체가 유지되고 발전해 나갑니다. 헌법이 그래서 중요합니다.

헌법을 알면!

뉴스가 보입니다
대한민국이 보입니다
세계가 보입니다
역사가 보입니다
행복이 보입니다
의무도 생각하게 됩니다

[사진 : 임병택, 독도]

헌법을 알면 뉴스가 보입니다.

뉴스나 TV토론을 보면 많은 정치인들이 헌법정신을 이야기합니다. 국회에서 이뤄지는 질문과 답변을 보더라도 헌법을 인용하는 경우가 많습니다. 언론의 사설 그리고 기사도 그렇습니다. 특히 대통령 선거때에는 모든 대통령 후보들이 '헌법이 실현되는 나라'를 약속합니다. 그리고 선거 후 새로운 정부가 출범하면 항상 〈헌법개정〉이 중요한 국가적 이슈가 됩니다.

헌법이 담고 있는 인간의 존엄과 행복 그리고 평등이라는 정신! 그리고 헌법으로 제시하고 있는 우리나라가 지향하는 국가공동체의 미래 그리고 국회, 대통령, 법원, 헌법재판소 등 중요 헌법기관들의 역할을 알게 되면 뉴스가 더 자세히 이해되고 뉴스 속 인물들이 이야기하는 속뜻을 더 쉽게 이해하리라 봅니다.

헌법을 알면 대한민국이 보입니다.

헌법은 정신적이고 철학적인 부분만 다루는 추상적 언어가 아닙니다. 실존하는 대한민국의 과거와 현재 그리고 미래를 담고 있습니다. 헌법 전문의 시작은 "3·1운동으로 건립된 대한민국 임시정부의 법통과 불의에 항거한 4·19 민주이념을 계승"한다고 되어 있습니다. 민주공화국으로 시작한 대한민국 현대사의 가장 중요한 역사적 사실을 그 첫 문장에 밝혀 놓은 것입니다.

이어지는 조문에는 "대한민국은 민주공화국"이며 "대한민국의 주권은 국민에게 있고 모든 권력은 국민으로부터 나온다"며 대한민국의 정치체제와 주권의 소재를 밝히고 있습니다. 또한 대한민국의 영토를 "한반도와 그 부속도서"라 규정하고, 평화와 더불어 "자유민주적 기본질서에 입각한 평화적 통일 정책 등"을 말하고 있습니다.

헌법을 알면 세계가 보입니다.

헌법에는 세계 속 대한민국을 표현한 문구도 많습니다. 헌법 전문에는 "항구적인 세계평화와 인류공영"을 말하고, 헌법 5조에는 "대한민국은 국제평화의 유지에 노력하고 침략적 전쟁을 부인한다"고 밝힘으로써, 세계를 향한 대한민국의 책임과 역할을 당당히 선언하고 있습니다.

UN평화유지군으로 대한민국 국군을 해외에 파병하는 것도, UN가입국으로서 국제사회에서 대한민국의 목소리를 내는 것도, UN사무총장을 배출하고, 대한민국 대통령이 UN회의장에서 대한민국의 평화적 과제를 연설하는 것 또한 모두 헌법이 부여한 대한민국의 헌법적 의무입니다.

헌법을 알면 역사가 보입니다.

1919년 4월에 제정된 대한민국 임시정부 임시헌장부터 민주공화국 대한민국의 헌법 역사가 시작되었다고 글쓴이는 생각합니다. 또한 1948년 민주정부를 수립하고 제헌헌법을 제정 공포함으로써 명실상부한 '국민, 주권, 영토'를 제대로 갖춘 온전히 독립된 국가의 역사가 시작되었습니다.

헌법 전문에도 밝혔듯이, 1948년 헌법이 제정된 이후 총 9차례 개정되었습니다. 헌법이 개정된 역사로 정권의 성격을 정의하기도 하는데 지금은 1987년 헌법을 통해 만들어진 '제6공화국'의 연장선으로 보기도 합니다. 이처럼 헌법에 따른 각 현대사의 굴곡진 역사가 그리고 빛나는 역사의 장면 장면들이 오롯이 헌법에 녹아 있습니다. 헌법 개정의 역사를 통해 대한민국 현대사를 공부하는 것도 큰 도움이 되리라 생각합니다.

헌법을 알면 행복이 보입니다.

무엇보다 헌법을 알면 내가 가진 권리를 더 명확히 알 수 있습니다. 대한민국 주권자로서의 소중함을 알게 됩니다. 사람이기에 가지게 되는 인간으로서의 존엄과 가치, 차별받지 않고 평등하게 대우받을 권리, 행복을 추구할 권리를 가지고 국가로부터 보호받아야 하는 귀한 존재라는 사실을 다시 확인하게 됩니다.

또한 자랑스러운 대한민국 국민이기에 가지는 자유로울 권리, 인간다운 생활을 보장받을 권리, 안전하게 보호받을 권리, 품격 높은 문화를 누리고 쾌적한 환경에서 살아갈 권리, 평생 교육을 통해 성장할 수 있고, 내 자신의 경제적 자유를 보호받을 수 있음도 다시 확인할 수 있습니다.

헌법을 알면 의무도 생각하게 됩니다.

'나의 자유는 다른 사람의 자유가 시작되는 곳에서 멈춘다'라는 법률 격언이 있습니다. 헌법은 바로 이러한 공동체의 상생에 대해서도 명확히 규정하고 있습니다. 헌법을 알게 되면 권리만 있는 이기적인 개인이 아니라, 대한민국 공동체의 안녕과 공공복리를 함께 이루는 한 부분임을 알게 됩니다.

세금을 내야하고, 근로의 의무, 국방의 의무를 다해야 하고, 자녀에게 합당한 교육을 받게 해야 하고, 환경을 보호해야 함을 알게 됩니다. 재산권 행사 또한 사회공동체의 이익을 해치지 않는 범위 내에서 적합하게 행사해야 함도 알게 됩니다.

헌법이 알려지면 !

주인이 주인다워집니다
권력이 권력다워집니다
평등이 시작됩니다
행복할 권리가 옵니다

[사진 : 임병택, 소래산 가을하늘과 낮달]

헌법이 알려지면 주인이 주인다워집니다.

헌법은 "대한민국의 모든 권력은 국민에게서 나온다"라고 선언하고 있습니다. 대한민국의 주인 된 권리가 나에게 있다고 생각하면 세상을 보는 눈이 달라집니다. 정치가 정치인의 것이 아니고 내 것이 됩니다. 내가 살아가는 우리 마을의 일이 공무원의 것이 아니고 내 가족의 일이 됩니다. 관심을 갖게 되고 참여하게 됩니다. 적어도 불합리하고 정당하지 못한 일에 대해 더 용기 있게 주장하고 자신의 권리를 찾을 수 있습니다.

헌법이 알려지면 권력이 권력다워집니다.

권력과 권한은 다릅니다. 우리가 보통 권력자라 부르는 대통령도 국회의원도 시장도 구청장도 시의원도 구의원도 모두가 권력을 위임받아 일하는 국민의 봉사자입니다. 권한을 가진 대표자일 뿐 권력자가 아닙니다.

법원도 그렇습니다. 정당도 그렇습니다. 언론도 그렇습니다. 교육도 그렇습니다. 경제도 그렇습니다. 헌법에 명시되고, 세금으로 만들어진 예산을 지원받는 곳들은 모두가 "모든 권력은 국민으로부터 나온다"는 헌법의 준엄한 명령을 따라야 합니다.

'권력은 국민이, 권한은 대표자가' 이렇게 정의하고 실천하는 것이 헌법정신에 합당하리라 생각합니다.

헌법이 알려지면 평등이 시작됩니다.

누구든지 대한민국 국민이라면 법 앞에 평등합니다. 인간으로서의 존엄을 가진 사람이기에, '차별'은 허락되지 않습니다. 차별대우를 받아서도 안 되고 차별을 해서도 안 됩니다. 그렇다고 모든 것을 다 똑같이 대하는 것은 아닙니다. '같은 것은 같게, 다른 것은 다르게'로 표현되는 실질적인 평등을 위한 합리적인 이유가 있을 때에는 다르게 대하는 것이 허용됩니다.

어린 시절부터 인간의 존엄과 가치 그리고 평등을 생각하게 하고 이야기해야 합니다. 친구의 가정환경이나 부모님의 직업, 나아가 국적이나 피부색 등으로 구별되어지고 다르게 대우받아서는 안 된다는 것을 이야기해 줘야 합니다. 어른들이 먼저 실천하며 아이들의 본이 되어야 합니다. 그러기 위해 끊임없는 생각하기와 토론과 학습이 함께 이루어지길 바랍니다.

헌법이 알려지면 행복할 권리가 옵니다.

우리에겐 '행복할 권리'가 있습니다. 헌법과 대한민국은 여러분의 '행복 추구권'을 지켜드리고자 존재합니다. 헌법재판소는 판례를 통해 행복추구권을 구체적인 권리로 말하고 있습니다. 자유롭게 행동하고 또는 행동하지 않을 자유, 개성에 따라 자유롭게 표현하는 것, 인간다운 생활공간에서 살 권리, 자기운명을 책임지는 자기결정권 등을 인정합니다.

사람마다 행복을 생각하고 느끼는 감정은 다를 것입니다. 어떤 바람이든 어떤 모습의 행복이든, 헌법과 대한민국이 그 행복을 돕고자 존재한다는 것을 알아주셨으면 합니다. 이처럼 헌법은 우리의 행복을 위해 존재합니다,

그러기에 헌법은 !

[사진 : 임병택, 백두산 천지]

더 쉽게 알려지고,
더 많이 읽혀야 합니다!

헌법은 어렸을 때부터 배워야 합니다!
헌법은 어른들이 더 알아야 합니다!
헌법은 정치인이 더 실천해야 합니다!
헌법을 더 알리고 더 실천하고 더 이야기해야 합니다!
자랑스러운 대한민국 헌법입니다!
헌법을 알아야 합니다!

마무리 글

'어린이 헌법' 그리고 시민을 위한 '아름다운 헌법'

2021년, 아이들에게 헌법이야기를 들려주고자 시처럼 노래처럼 함께 읽는, 「어린이 헌법」을 썼습니다. 독자 분들의 과분한 사랑을 받았습니다. 막연히 어렵게만 생각하던 헌법이 어린이들도 읽을 수 있는 따뜻한 글이고 아름다운 생각이라는 걸 공감해 주셨기 때문입니다.

「어린이 헌법」은 부모이자 주권자인 시민들이 함께 읽기 바랐습니다. 인간의 존엄과 행복 그리고 평등, 대한민국과 평화와 통일에 대한 마음을 담고 있기 때문입니다.

아이들과 부모님이 함께 헌법을 읽으며, 같은 반 친구를 생각하고 이웃을 생각하고 나라를 생각하길 바랐습니다. 모두 다 꽃이고, 모두 다 소중한 사람들이라는 걸 알게 되면 모두에게 더 없이 좋으니까요.

저는 헌법전문가는 아닙니다. 이 글의 부족함도 많습니다.
그러나 용기를 낼 수 있었던 이유는, 헌법이 더 알려지면 "더 많은 사람들이 존중받고 더 많은 사람들이 위로 받고 용기를 얻으리라"는 믿음 때문이었습니다. 전문가가 아닌 저와 같은 사람도 헌법을 알리려 노력하니, 더 많은 사람들이 더 쉽고 재미있게 헌법을 알려주시기 바라는 마음입니다.

선구자 같은 활동을 해 오신 분들이 계십니다.
한글학자 故 이오덕 선생님은 「우리말 헌법책」을 내셨습니다. '우리헌법읽기 국민운동본부'에서는 누구나 쉽게 가지고 다니며 읽을 수 있는 「손바닥 헌법책」을 펴냈습니다. 그리고 무엇보다 헌법정신을 실천하기 위해 그 엄혹한 시절 수 십년 독립운동을 펼치신 선열들이 계셨고, 또한 민주화를 위해 헌신하고 희생한 분들도 계십니다. 그분들 덕분에 우리가 여기까지 온 것을 잊지 않습니다.

헌법은 역사이고 인물입니다. 인권과 평등을 위해 헌신하신 분들. 그리고 독립운동, 경제발전, 민주화를 위해 헌신하신 모든 역사와 인물에 대한 존경의 마음을 지니며 살아가겠습니다.

"사랑하면 알게 되고, 알게 되면 보이나니,
그때 보이는 것은 전과 같지 않으리라."

헌법 또한 그렇다고 믿습니다. 제가 만난 헌법은 아름답습니다.
헌법은 사람에 대한 사랑이 담겨있기 때문입니다.

대한민국 헌법은 더 많이 알려져야 하고 읽혀야 합니다.

고맙습니다.

부록

1. 대한민국 임시헌장
2. 대한민국 임시헌법

부록

1. 대한민국 임시헌장

대한민국 임시헌장
[임시정부법령 제1호, 1919.4.11. 제정]

선포문

신과 인간이 하나가 되어 나라 안팎으로 협력하고 호응하여 한성에서 뜻을 일으킨 지 삼십일 남짓하여 평화적 독립을 삼백 개 이상의 나라들에게 다시 빛을 되찾은 것처럼 밝히고, 국민의 신임으로 완전하게 다시 조직한 임시정부는 영원하고도 완전한 자주독립의 복된 이로움으로 우리 자손인 후세의 백성에게 대대로 전하기 위하여 임시의정원의 결의로 임시헌장을 선포하노라.

선서문

존경하고 경애하는 우리 이천만 동포 국민이여, 민국 원년 3월 1일 우리 대한민족이 독립을 선언하면서부터 남녀노소, 모든 계급, 모든 종교를 가리지 않고 하나로 단결하여 동양의 독일인 일본의 비인도적 폭행을 받으면서도 지극히 공명하게 드러내놓고 온갖 수모 아래에서도 우리 민족의 독립과 자유를 갈망하는 진정한 생각과 정의와 인도를 사랑하고 좋아하는 국민성을 표현하였으니, 이제 그 뜻을 같이하는 세계의 마음이 한 번에 합쳐 우리에게 집중하였도다. 이런 때를 맞아 우리 정부는 하나된 모든 국민의 위임을 받아 조직되었으니, 우리 정부는 하나된 모든 국민과 더불어 온 마음으로 힘을 쏟아 임시헌법 그리고 국제적 도덕이 명령하는 것을 준수하여, 국토를 다시 회복하고 나라땅을 굳건히 다지겠다는 큰 사명을 부과한다고 이 글로 선언하노라. 국민 동포여 분기할지어다. 우리가 흘리는 한 방울의 피는 자손만대의 자유와 복락을 위해 치르는 값이요 신의 나라를 건설하는 데 들어갈 귀중한 기초이니라. 우리의 사람된 길이 야만스러운 일본을 교화할 것이요, 우리의 정의가 마침내 일본의 폭력을 이길 것이니, 동포여 일어나 마지막 한 사람까지 투쟁할지어다.

정강

1. 민족평등, 국가평등과 인류평등의 대의를 선전함.
2. 외국인의 생명재산을 보호함.
3. 모든 정치범인을 남김없이 특사함.
4. 외국에 대한 권리의무는 대한민국정부와 체결하는 조약에 의거함.
5. 절대독립을 선포함.
6. 임시정부의 법령을 위반하는 자는 적으로 간주함.

제1조 대한민국은 민주공화제로 함.
제2조 대한민국은 임시정부가 임시의정원의 결의에 의하여 통치함.
제3조 대한민국의 인민은 남녀, 귀천 및 빈부의 계급이 없으며, 일체 평등임.
제4조 대한민국의 인민은 종교, 언론, 저작, 출판결사, 집회, 통신, 거주 이전, 신체 및 소유의 자유를 향유함.
제5조 대한민국의 인민으로 공민의 자격이 있는 자는 선거권과 피선거권이 있음.
제6조 대한민국의 인민은 교육, 납세 및 병역의 의무가 있음.
제7조 대한민국은 신의 의사에 의하여 건국한 정신을 세계에 발휘하며, 나아가 인류의 문화와 평화에 공헌하기 위하야 국제연맹에 가입함.
제8조 대한민국은 구황실을 우대함.
제9조 생명형, 신체형 및 공창제를 전부 폐지함.
제10조 임시정부는 국토회복 뒤 만 일 년 안에 국회를 소집함.

대한민국 원년 사월
대한민국임시정부

부록

2. 대한민국 임시헌법

대한민국 임시헌법

[시행 1919. 9. 11.] [임시정부법령 제2호, 1919. 9. 11., 폐지제정]

전문

아대한인민은 아국이 독립국임과 아민족이 자유민임을 선언하도다. 차로써 세계만방에 고하야 인류평등의 대의를 극명하였으며 차로써 자손만대에 고하야 민족자존의 정권을 영유케 하였도다. 반만년 역사의 권위를 대하야 2천만 민족의 성충을 합하야 민족의 항구여일한 자유 발전을 위하야 조직된 대한민국의 인민을 대표한 임시의정원은 민의를 체하야 원년(1919) 4월 11일에 발포한 10개조의 임시헌장을 기본삼아 본임시헌법을 제정하야 써 공리를 창명하여 공익을 증진하며 국방 급 내치를 주비하며 정부의 기초를 견고하는 보장이 되게 하노라.

제1장 총령

제1조 대한민국은 대한인민으로 조직함.
제2조 대한민국의 주권은 대한인민 전체에 재함.
제3조 대한민국의 강토는 구한국의 판도로 함.
제4조 대한민국의 인민은 일체 평등함.
제5조 대한민국의 입법권은 의정원이 행정권은 국무원이 사법권은 법원이 행사 함.
제6조 대한민국의 주권행사는 헌법규범내에서 임시대통령에게 전임함.
제7조 대한민국은 구황실을 우대함.

제2장 인민의 권리와 의무

제8조 대한민국의 인민은 법률범위내에서 좌예 각항의 자유를 향유함.
　　① 신교의 자유

② 재산의 보유와 영농의 자유
③ 언론 저작 출판 집회 결사의 자유
④ 서신비밀의 자유
⑤ 거주이전의 자유

제9조 대한민국의 인민은 법률에 의하여 좌열 각항의 권리를 유함.
① 법률에 의치 아니하면 체포 사찰 신문 처벌을 수치 아니하는 권
② 법률에 의치 아니하면 가택의 침입 또는 수색을 수치 아니하는 권
③ 선거권 및 피선거권
④ 입법부에 청원하는 권
⑤ 법원에 소송하여 그 재판을 수하는 권
⑥ 행정관서에 소원하는 권
⑦ 문무관에 임명되는 권 또는 공무에 취하는 권

제10조 대한민국의 인민은 법률에 의하여 좌열 각항의 의무를 유함.
① 납세의 의무
② 병역의 복하는 의무
③ 보통교육을 수하는 의무

제3장 임시대통령

제11조 임시대통령은 국가를 대표하고 정무를 총감하며 법률을 공포함.
제12조 임시대통령은 임시의정원에서 기명단기식 투표로 선거하되 투표총수의 3분의 2 이상을 득한 자로 당선케 함. 단, 2회투표에도 결정치 못하는 시는 3회 투표에는 다수를 득한 자로 당선케 함.
제13조 임시대통령의 자격은 대한인민으로 공권상 제한이 무하고 연령 만 40세 이상된 자로 함.
제14조 임시대통령은 취임할 시에 임시의정원에서 좌와 여히 선서함을 요함. 여는 일반 인민의 전에서 성실한 심력으로 대한민국 임시대통령의 의무를 이행하여 민국의 독립 급 내치 외교를 완성하여 국리민복

을 증진케하며 헌법과 법률을 준수하고 또한 인민으로 하여금 준수
　　　케 하기를 선서하나 이다.
제15조　임시대통령의 직권은 좌와 여함.
　① 법률의 위임에 기하거나 혹은 법률을 집행하기 위하여 명령을 발포 또
　　는 발포케 함.
　② 육해군을 통솔함.
　③ 관제 관규를 제정하되 임시의정원의 결의를 요함.
　④ 문무관을 임명함.
　⑤ 임시의정원의 동의를 경하야 개전강화를 선고하고 조약을 체결함.
　⑥ 법률에 의하여 계엄을 선고함.
　⑦ 임시의정원 의회를 소집함.
　⑧ 외국의 대사와 공사를 접수함.
　⑨ 법률안을 임시의정원에 제출하되 국무원의 동의를 요함.
　⑩ 긴급필요가 유한 경우에 임시의정원이 폐회된 시는 국무회의의 동의를
　　득하여 법률에 대한 명령을 발하되 차기의회에 승낙을 요함. 단, 승낙을
　　득하지 못할 시는 장래에 향하여 기효력을 실함을 공포함.
　⑪ 중대한 사건에 관하여 인민의 의견서를 수합함.
　⑫ 대사 특사 감형 복권을 선고함. 단, 대사는 임시의정원의 동의를 요함.
제16조　임시대통령은 임시의정원의 승낙이 무히 국경을 천리함을 부득함.
제17조　임시대통령이 유고한 시는 임시의정원에서 임시대통령 대리 1인을
　　　선거하여 대리케 함.

제4장 임시의정원

제18조　임시의정원은 제19조에 규정한 의원으로 조직함.
제19조　임시의정원 의원의 자격은 대한민국 인민으로 중등이상 교육을 수한
　　　만33세 이상된 자로 함.
제20조　임시의정원 의원은 경기 충청 경상 전라 함경 평안 각도 급 중령교민

아령교민에 각 6인 강원 황해 각도 급 미주교민에게 각 3인을 선거함. 전항에 임시 선거 방법은 내무부령으로 차를 정함.

제21조 임시의정원의 직권은 좌와 여함.
① 일체 법률안을 의결함.
② 임시정부의 예산결산을 의결함.
③ 전국의 조세 화폐제 도량형의 준칙을 의결함.
④ 공채모집과 국고부담에 관한 사항을 의결함.
⑤ 임시대통령을 선거함.
⑥ 국무원 급 주외대사 공사 임명에 동의함.
⑦ 선전 강화와 조약체결에 동의함.
⑧ 임시정부의 자순사건을 부답함.
⑨ 인민의 청원을 수리함.
⑩ 법률안을 제출함.
⑪ 법률 기타 사건에 관한 의견을 임시정부에 건의함을 득함.
⑫ 질문서를 국무원에게 제출하여 출석답변을 요구함을 득함.
⑬ 임시정부에 자순하여 관리의 수회와 기타 위법한 사건을 사판함을 득함.
⑭ 임시대통령의 위법 또는 범죄행위가 유함을 인할 시는 총원 5분의 4이상의 출석, 출석원 4분의 3 이상의 가결로 탄핵 또는 심판함을 득함.
⑮ 국무원 실직 혹 위법이 유함을 인할 시는 총원 4분의 3 이상의 출석, 출석원 3분의 2 이상의 가결로 탄핵함을 득함.

제22조 임시의정원은 매년 2월에 임시대통령이 소집함. 필요가 유할 시에 임시소집함을 득함.
제23조 임시의정원의 회기는 1개월로 정하되 필요가 유할 시는 원의 결의혹은 임시대통령의 요구에 의하여 신축함을 득함.
제24조 임시의정원의 의사는 출석원과반수로 결하되 가부동수될 시는 의장이 차를 결함.
제25조 임시의정원의 회의는 공개하되 원의 결의 또는 정부의 요구에 의하여 비밀히 함을 득함.

제26조 임시의정원의 의결한 법률 기타 사건은 임시대통령이 차를 공포 또는 시행함. 법률은 자달후 15일 이내로 공포함을 요함.

제27조 임시의정원의 의결한 법률 기타 사건을 임시대통령이 불가함을 인할 시는 자달후 10일 이내에 이유를 성명하여 재의를 요구하되 기재 의사항에 대하여 출석원 4분의 3 이상이 전의를 고집할 시는 제26조에 의함.

제28조 임시의정원 의장 부의장은 기명단수식 투표로 의원이 호선하여 투표총수의 과반을 득한 자로 당선케 함.

제29조 임시의정원은 총의원 반수 이상이 출석치 아니하면 개회를 부득함.

제30조 부결된 의안은 동회기에 재차 제출함을 부득함.

제31조 임시의정원의 의원은 원내의 언론 급 표결에 관하여 원외에서 책임을 부치 아니함. 단, 의원이 기 언론을 연설 인쇄 필기 기타 방법으로 공포할 시는 일반법률에 의하여 처분함.

제32조 임시의정원 의원은 내우외환의 범죄나 혹 현행범이 아니면 회기중에 원의 허락이 무히 체포함을 부득함.

제33조 임시의정원은 헌법 급 기타 법률에 규정한 외에 내부에 관한 제반규칙을 자정함을 득함.

제34조 임시의정원은 완전한 국회가 성립되는 일에 해산하고 기직권은 국회가 차를 행함.

제5장 국무원

제35조 국무원은 국무원을 조직하여 행정사무를 일체 처변하고 그 책임을 부함.

제36조 국무원에서 의정할 사항은 좌와 여함.
 ① 법률 명령 관제 관규에 관한 사항
 ② 예산 결산 또는 예산외 지출에 관한 사항
 ③ 군사에 관한 사항

④ 조약과 선전 강화에 관한 사항

⑤ 고급관리 진퇴에 관한 사항

⑥ 각부 권한쟁의 급 주임불명에 관한 사항

⑦ 국무회의의 경유를 요하는 사항.

제37조 국무총리와 각부총장과 노동국총판을 국무원이라 칭하며 임시대통령을 보좌하며 법률 급 명령에 의하여 주관행정사무를 집행함.

제38조 행정사무는 내무 외무 법무 재무 교통의 각부와 노동국을 치하여 각기 분장함.

제39조 국무원은 임시대통령이 법률안을 제출하거나 법률을 공포하거나 혹은 명령을 발포할 시에 반드시 차에 부서함.

제40조 국무원 급 정부위원은 임시의정원에 출석하여 발언함을 득함.

제41조 국무원이 제21조 제15항의 경우를 당할 시는 임시대통령이 면직하되 임시 의정원에 1차 재의를 청구함을 득함.

제6장 법원

제42조 법원은 사법관으로 조직함.

제43조 법원의 편제 급 사법관의 자격은 법률로써 차를 정함.

제44조 법원은 법률에 의하여 민사소송 급 형사소송을 재판함. 행정소송과 기타 특별소송은 법률로써 차를 정함.

제45조 사법관은 독립하여 재판을 행하고 상급관청의 간섭을 수치 아니함.

제46조 사법관은 형법의 선고 또는 징계의 처분에 의치 아니하면 면직함을 부득함.

제47조 법원의 재판은 공개하되 안녕질서 또는 선풍량속에 방해가 유하다 할 시는 공개치 아니함을 득함.

제7장 재정

제48조 조세를 신과하거나 세율을 변경할 시는 법률로써 차를 정함.

제49조 현행의 조세는 경히 법률로써 개정한 자 외에는 구례에 의하여 징수함.
제50조 임시정부의 세입세출은 매년 예산을 임시의정원에 제출하여 의결함을 요함.
제51조 예산관항에 초과하거나 예산외의 지출을 유할 시는 차기임시의정원의 승인을 요함.
제52조 공공안전을 유지하기 위하여 긴급수용이 유한 경우에 임시의정원을 소집키 불능한 시는 임시정부는 재정상 긴급 필요의 처분을 행하고 제51조에 의함.
제53조 결산은 회계검사원이 차를 검사한 후 임시정부는 기 검사 보고와 공히 임시의정원에 제출하여 승인을 요함.
제54조 회계검사원의 조직 급 직권은 법률로써 차를 정함.

제8장 보칙

제55조 본임시헌법을 시행하여 국토회복후 한일개년내에 임시대통령이 국회를 소집하되 기 국회의 조직 급 선거방법은 임시의정원이 차를 정함.
제56조 대한민국헌법은 국회에서 제정하되 헌법이 시행되기 전에는 본임시헌법이 헌법과 동일한 효력을 발함.
제57조 임시헌법은 임시의정원의 의원 3분의 2 이상이나 혹 임시대통령의 제의로 총원 5분의 4 이상의 출석과 출석원 4분의 3 이상의 가결로 개정함을 득함.
제58조 본임시헌법은 공포일로부터 시행하고 원년 4월 11일에 공포한 대한민국 임시헌법은 본헌법의 시행일로 폐지함.

참고문헌

p.5
유홍준.「나의 문화유산답사기1」.(주)창작과비평사.1996.
나태주.「풀꽃」.지혜.2021.

pp. 28-29
UN 세계인권선언. "본 저작물은 법무부에서 2019년 작성하여 공공누리 제1유형으로 개방한 '세계인권선언 국문본(인권정책과)'을 이용하였으며, 해당 저작물은 '법무부(http://www.moj.go.kr/bbs/moj/124/516302/artclView.do)'에서 무료로 다운받으실 수 있습니다."
UN아동권리선언. "본 저작물은 외교부에서 2007년 작성하여 공공누리 제1유형으로 개방한 '[인권일반][기본규범]아동권리협약(인권사회과)'을 이용하였으며, 해당 저작물은 '외교부(https://www.mofa.go.kr/www/brd/m_3998/view.do?seq=303438&srchFr=&srchTo=&srchWord=&srchTp=&multi_itm_seq=0&itm_seq_1=0&itm_seq_2=0&company_cd=&company_nm=&page=41)'에서 무료로 다운받으실 수 있습니다."

pp. 44-75
이오덕.「우리말로 누구나 쉽게 읽는 내 손안에 헌법」.도서출판 고인돌.2017.
「법전」.현암사.2020.

p.77 헌법재판소 2021.1.28. 선고 2020헌마264, 681 결정

4부 국민 p.90 법무부.출입국·외국인정책본부통계연보.2021.

4부 통일 p.96 헌법재판소 1990.4.2. 선고 89헌가113 결정

4부 정당 p.106
각국의 정당·정치자금제도 비교연구.중앙선거관리위원회 선거연수원.2021.

4부 행복추구권 p.119
헌법재판소 1998.12.24. 선고 98헌가1 결정
헌법재판소 1994.12.29. 선고 94헌마201 결정
헌법재판소 1997.3.27. 선고 96헌가11 결정

4부 자유1-신체의 자유 p.125
헌법재판소 1992.12.24. 선고 92헌가8 결정
헌법재판소 1992.4.14. 선고 90헌마82 결정

4부 자유3- 양심, 종교 학문예술의 자유 p.130
헌법재판소 1997.7.27. 선고 96헌가11 결정

4부 공무담임권 p.142
각국의 대통령 선거제도 비교연구.중앙선거관리위원회 선거연수원.2020.

4부 교육받을 권리, 교육을 받게 할 의무 p.147
헌법재판소 1994. 2. 24. 선고 93헌마192 결정

4부 안전한나라 p.159   국제안전도시 공인센터 홈페이지 (https://isccc.globa)

4부 보건권 p.166
코로나바이러스감염증-19(COVID-19) 홈페이지 (http://ncov.mohw.go.kr)

4부 국회 pp.177-178
국회 홈페이지(https://www.assembly.go.kr)
기획재정부 홈페이지(https://www.moef.go.kr)
법제처 홈페이지(https://www.moleg.go.kr)

4부 국회의원 p.180   국회 홈페이지(https://www.assembly.go.kr)

4부 예산 심의 확정권 p.182   기획재정부 홈페이지(https://www.moef.go.kr)

4부 선거관리위원회 p.204   중앙선거관리홈페이지 (www.nec.go.kr)

4부 지방자치 p.209   행정안전부 홈페이지(https://www.mois.go.kr)

4부 헌법개정 p.219   대한민국헌법 개정안 대통령 문재인. 2018.3.26.

부록 1 · 2 대한민국 임시헌장, 대한민국 임시헌법 pp.237-249
「손바닥헌법책」.우리헌법읽기국민운동.2021.

노래출처

이 책에 실린 노래는 저작권관리자의 허가를 받고 사용되었습니다.

시작하는 글 p.3 〈모두 다 꽃이야〉 작사·작곡·편곡 | 류형선   [KOMCA 승인필]

시민을 위한 헌법 첫걸음
아름다운 헌법

초 판 2022년 2월 12일
글쓴이 임병택
사 진 임병택

펴낸이 이한재
기 획 백귀성, 김영태
디자인 맑은눈
출판사 행복할 권리
홈페이지 https://blog.naver.com/happy-right
주 소 경기도 고양시 일산서구 멱절길 96 2동 2층
전 화 070-4045-9004 / 010-2975-9004
팩 스 070-4084-9004
이메일 happy-right@naver.com

ISBN 979-11-977645-0-9

이 책은 저작권법에 따라 보호받는 저작권물이므로 무단 전제와 무단 복제를 금하며,
이 책 내용의 전부 또는 일부를 이용하려면 반드시 행복할 권리의 서면동의를 받아야 합니다.